AF582956

Mi camino a la sanación

Mi proyecto más personal

Hilcarmen García Yglesia

Mi camino a la sanación
© Hilcarmen García Yglesia

Editado por: Corporación Ígneo, S.A.C.
para su sello editorial Ediquid
José Olaya 169, Ofic. 504, Miraflores. Lima, Perú
Primera edición, enero, 2025

ISBN: 978-612-5184-27-6

Hecho el Depósito Legal en la Biblioteca Nacional del Perú N° 2024-13764

www.grupoigneo.com
Correo electrónico: contacto@grupoigneo.com | Teléfono: +51 955 071 270
Facebook: Grupo Ígneo | X: @editorialigneo | Instagram: @grupoigneo

Colección: Integrales

Contenido

Capítulo 4

Capítulo 5

Capítulo 8

Agradecimientos

Quiero expresar mi profunda gratitud a todas las personas que han hecho posible la creación de este libro, *Mi camino a la sanación*. Es un honor y un privilegio poder compartir mi viaje personal de sanación y crecimiento con todos ustedes.

Agradezco de todo corazón a:

A Dios Padre Celestial, por el milagro de la vida y por sostenerme aun en la tempestad, por mostrarme que estando de su mano todo camino es amor, luz y paz.

A mis padres, mis hermanos y sobrina, gracias por su amor incondicional e infinito, por su comprensión a lo largo de este viaje maravilloso, los amo.

Emiliano José, hijo de mi vida, gracias por elegirme y enseñarme tanto en tan poco tiempo, eres mi amor y mi ángel más hermoso.

A mi Dama Hermosa (abuela Hilda), gracias por tu amor incondicional y por ser esa voz y luz que me hizo reaccionar, gracias por acompañarme siempre.

A mi Copito de Nieve (abuela Carmen), gracias por tu guía, de ti heredé esa conexión espiritual y mística, gracias por amarme incondicionalmente. Gracias por estar siempre.

A mis amigos, mis hermanos de la vida, gracias por ser ese amor bonito y genuino que nos une, por ese abrazo, esa sonrisa, esa complicidad, gracias por siempre ser ese faro luminoso en la tempestad, mi amor y lealtad es incondicional para ustedes. Que jamás me falten en mi vida. Los amo infinito.

Mis mentores y guías espirituales, gracias por su sabiduría, orientación y enseñanzas que han iluminado mi camino y enriquecido mi comprensión de mí misma y del mundo que me rodea. Por acompañarme en este viaje de descubrimiento. Su apoyo incondicional, sus palabras y acompañamiento, aun en la distancia, significan mucho para mí. Gracias por permitirme ir de su mano en todo este proceso de sanación.

A ustedes, mi mundo maravilloso, por siempre ser y estar, por abrir sus corazones a las lecciones que he aprendido en el camino. Su apoyo y comentarios han sido una fuente invaluable de inspiración para continuar escribiendo y compartiendo mi experiencia.

A todos los que se han cruzado en mi camino, cada persona que he conocido ha dejado una huella única en mi vida y ha contribuido de alguna manera a mi crecimiento personal y espiritual.

Quiero expresar mi más profundo agradecimiento a Editorial Ígneo por creer en mí y en mi visión desde el primer momento. Su apoyo incondicional, su profesionalismo y su dedicación han sido pilares fundamentales en la creación de este libro. Gracias por acompañarme en cada paso de este proceso, por guiarme con su experiencia y por permitir que mis palabras encuentren su camino hacia los corazones de los lectores. Estoy inmensamente agradecida por formar parte de esta familia y por el esfuerzo conjunto que ha hecho posible que este sueño se convierta en realidad.

Este libro es el resultado de mi viaje interior hacia la sanación y la autocomprensión. Espero sinceramente que reciban de sus páginas una fuente de inspiración, consuelo y esperanza.

Con gratitud infinita.

A todos aquellos que buscan sanar y crecer,
que encuentren en estas páginas un refugio de luz y esperanza.
Con amor y gratitud.

Introducción

La vida nos presenta constantemente desafíos, momentos de dolor y situaciones que ponen a prueba nuestra fortaleza. En algún punto de mi vida, me encontré en un lugar oscuro, donde el dolor y la incertidumbre parecían ser mis únicos compañeros. Fue en esos momentos difíciles cuando comprendí la importancia de la sanación, no solo del cuerpo, sino también del alma y la mente.

Este libro es el relato de mi viaje hacia aquella sanación. Es un recorrido lleno de aprendizajes, descubrimientos y transformaciones. No ha sido un camino fácil, pero cada paso ha valido la pena. A lo largo de estas páginas, compartiré contigo mis experiencias, mis reflexiones y las herramientas que me han ayudado a encontrar la paz interior y la fortaleza para seguir adelante.

Espero que mi historia te inspire y te ofrezca la esperanza de que, sin importar cuán profundo sea el abismo en el que te encuentres, siempre hay una salida. La sanación es posible, y comienza desde dentro de nosotros mismos.

Permíteme acompañarte en tu propio camino hacia la sanación. Juntos, exploraremos las profundidades de nuestras emociones, enfrentaremos nuestros miedos y encontraremos la luz que nos guiará hacia una vida plena y significativa.

Con gratitud y esperanza.

Mi mundo maravilloso

Es un honor y un privilegio para mí compartir con ustedes el proceso profundo y transformador que me ha llevado a escribir este libro, cargado de significado y reflexión. Permítanme llevarlos a un viaje íntimo por el camino que me llevó a esta obra dedicada a la sanación y el crecimiento personal.

Mi inspiración para escribir estas líneas surge de un camino personal de autodescubrimiento y sanación. Como muchos de ustedes, he atravesado períodos de desafíos y momentos de profunda introspección. En esos momentos de quietud y reflexión, descubrí la poderosa herramienta de las palabras para expresar mis emociones, mis luchas internas y mis triunfos personales.

Cada línea que comparto con ustedes es más que un simple mensaje; es una ventana a mi propio viaje de sanación. He aprendido, a través de la escritura y la reflexión constante, que el proceso de sanar nuestras heridas emocionales y espirituales es una práctica continua y profundamente transformadora. Cada palabra que ustedes encuentren en este libro ha sido cuidadosamente seleccionada para ofrecer consuelo, inspiración y una guía hacia la paz interior.

El desarrollo de este libro ha sido un camino de autenticidad y crecimiento personal. He explorado temas que me han desafiado, he abrazado mis vulnerabilidades y he aprendido a encontrar belleza incluso en las cicatrices del pasado. Cada capítulo refleja no solo mis experiencias personales, sino también las lecciones universales que todos enfrentamos en nuestro viaje hacia la plenitud y la autenticidad.

Mi deseo más profundo es que este libro se convierta en un faro de luz y esperanza para cada uno de ustedes. Que encuentren en sus páginas la inspiración para sanar, el coraje para enfrentar los desafíos con gracia y la sabiduría para abrazar la vida con un corazón abierto.

A medida que lean estas páginas, los invito a sumergirse en su propio viaje de autodescubrimiento. Permítanse sentir profundamente, reflexionar con sinceridad y abrirse a las infinitas posibilidades de crecimiento y transformación personal.

Capítulo 1

El inicio de la búsqueda

La vida, en su esencia, es un viaje lleno de altibajos. Para muchos, estos altibajos se suceden de forma predecible, como las olas del mar. Pero en un momento dado, mi vida dejó de ser un suave vaivén y se convirtió en una tormenta furiosa. Fue entonces cuando comprendí que necesitaba encontrar un nuevo rumbo, uno que me guiara hacia la sanación.

Todo comenzó a principios del año 2022. Llevaba conmigo una avalancha de emociones que no sabía cómo manejar. No entendía lo que me estaba pasando; solo sentí que una mezcla de sensaciones desagradables se apoderaba de mí. Recuerdo que me despertaba en medio de la noche con el impulso de ordenar mi armario (que ya estaba ordenado). No me importaba y tiraba todo al suelo para reorganizarlo. Así pasaba el tiempo hasta que llegaban las 6:00 a. m., la hora habitual para empezar mis actividades diarias.

En ese momento, no comprendía por qué accionaba de esa manera. No se lo mencioné a nadie, diciéndome a mí misma que era el estrés de tener demasiadas cosas en la mente, muchas responsabilidades, y que de alguna manera debía cumplir con todo y con todos. Las semanas pasaron, y cada vez que despertaba, sentía mi corazón latir con tanta fuerza que lo imaginaba estallar en pedazos; era como si estuviera asustada. Lo que no sabía era que estaba al borde de una crisis de ansiedad.

El camino hacia la sanación es a menudo un viaje arduo y lleno de desafíos. Para mí, este viaje comenzó en los momentos más oscuros de mi vida, cuando la ansiedad y la desesperación se apoderaron de mi existencia. Había días en los que la simple tarea de levantarme de la cama parecía imposible. Los pensamientos negativos y la sensación de no tener control sobre mi vida se convirtieron en una constante, y la idea de acabar con todo parecía ser la única salida.

Recuerdo claramente una noche en particular, cuando la presión en mi pecho era tan intensa que apenas podía respirar. Me sentí atrapada en un ciclo interminable de preocupación y miedo, sin saber cómo encontrar una salida. En esos momentos de soledad y desesperación, el peso de la ansiedad se volvió insoportable. Fue entonces cuando, en un momento de desesperación, consideré ciertamente acabar con mi vida.

Sin embargo, en medio de ese abismo de desesperanza, sucedió algo extraordinario. Mientras estaba sumida en mis pensamientos más oscuros y a punto de cometer esa gran locura, escuché la voz suave y reconfortante de mi abuela Hilda. Era una voz que reconocería en cualquier lugar, una voz llena de amor y sabiduría que me había acompañado durante mi infancia. «Hija, busca ayuda», me dijo. Esas palabras resuenan aún en mi corazón.

La voz de mi abuela, desde el más allá, me llenó de una fuerza que no sabía que tenía. Fue como si su presencia me envolviera, dándome el coraje necesario para enfrentar mis demonios. Sentí una oleada de amor y apoyo que me recordó que no estaba sola, que había alguien, incluso en el otro lado, que velaba por mí y deseaba mi bienestar.

Fue entonces cuando tomé la decisión más difícil pero también la más crucial de mi vida: buscar ayuda profesional.

Es así como @Marialepsicologa entró en mi vida, un ser extraordinario. Llegué a conocerla gracias a una recomendación que me hizo una amiga. Cuando me puse en contacto con ella, no fui completamente honesta sobre la verdadera razón por la que buscaba su ayuda. Le dije que necesitaba romper el patrón familiar que había observado, donde las mujeres se quedaban solteras, y que yo no quería seguir.

El día que conocí a Mariales, estaba llena de una mezcla de nerviosismo y esperanza. Desde el primer momento, su presencia me transmitió una paz y una comprensión que necesitaba desesperadamente.

Al comenzar nuestra primera sesión, sentí la necesidad de explicar por qué estaba allí, aunque inicialmente no fui completamente honesta. Le dije que quería romper el patrón familiar de las mujeres que se quedaban solteras, cuando en realidad mi lucha interna iba mucho más allá.

Mariales me escuchó con atención y, en un momento de la conversación, compartió algo que me dejó profundamente conmovida. Con una serenidad que solo alguien con un profundo entendimiento puede tener, me dijo: «Sabes, siento que nuestras abuelas maternas hicieron posible que nos cruzáramos en el camino».

Sus palabras resonaron en mí de una manera que no puedo explicar por completo. Era como si un hilo invisible nos conectara a través del tiempo y el espacio, uniendo nuestras historias y trayéndonos juntas en ese preciso momento. La idea de que nuestras abuelas, desde el más allá, habían orquestado nuestro encuentro, me llenó de un sentimiento de propósito y destino.

Esa revelación añadió una capa de significado a nuestra relación terapéutica. Sentí que no solo estaba allí por mi propio bienestar, sino que había una conexión más profunda que estaba siendo honrada. Esta conexión me dio fuerzas para abrirme y enfrentar mis miedos y ansiedad con el apoyo de alguien que, de alguna manera, ya estaba destinada a ayudarme.

El encuentro con Mariales marcó el verdadero comienzo de mi camino hacia la sanación. A través de su guía y el vínculo especial que compartimos, comencé a entender y a sanar las heridas más profundas de mi alma.

Mi proceso de terapia duró aproximadamente cinco meses. Durante este tiempo, experimenté un viaje transformador gracias a su enfoque integral y estructurado. Mariales había desarrollado un proceso completo de sanación dividido en etapas, cada una diseñada para abordar diferentes aspectos de mi bienestar emocional y transgeneracional.

La primera sesión fue reveladora. Hablé de mis miedos, mis inseguridades y la carga emocional que llevaba conmigo. Mi terapeuta, una mujer de mirada comprensiva y voz serena, me escuchó con atención. Su primera tarea para mí fue sencilla, pero poderosa: comenzar a ver aquello que ni por mi mente pasaba y, sin imaginar, inicié un camino lleno de dolor, de memorias, muchas lágrimas y de descubrimiento en muchos sentidos. Me propuso un enfoque holístico para mi sanación, que incluía trabajar en diferentes aspectos de mi vida: mi concepción, mis ancestros, mi niña interior, mi adolescente y mi adulta.

En las primeras sesiones, me ayudó a confrontar y liberar el miedo que sentía. A través de ejercicios de respiración y visualización, aprendí a identificar y enfrentar mis miedos. Cada sesión se convertía en una pequeña victoria, un paso más hacia la recuperación.

En las primeras etapas, nos enfocamos en identificar y entender las raíces de mi ansiedad y desesperación. Mariales me proporcionó herramientas y técnicas para manejar mis emociones de manera más saludable y efectiva. A medida que avanzamos, comenzamos a trabajar en sanar heridas del pasado, enfrentando traumas y liberando el dolor acumulado. Comencé a reconstruir mi autoestima y a fortalecer mi resiliencia. A través de ejercicios prácticos y reflexiones profundas, aprendí a valorarme y a encontrar mi voz interior.

Luego, empezamos a explorar mi concepción y el legado de mis ancestros. Hablamos de las historias familiares y de cómo los traumas no resueltos de generaciones anteriores podrían estar afectándome. Fue un proceso doloroso pero liberador, en el que aprendí a honrar a mis ancestros y a soltar las cargas que no me correspondía llevar.

Posteriormente, me sumergí en el trabajo con mi niña interior. A través de la visualización guiada y la escritura, conecté con esa parte de mí que aún necesitaba ser escuchada y sanada. Aprendí a ofrecerle amor y seguridad, y a permitirle expresarse sin miedo. Estos ejercicios me ayudaron a comprender muchas de mis reacciones y comportamientos actuales, y a sanar heridas profundas.

El trabajo con mi adolescente interior fue igualmente revelador. Recordé los años de confusión y rebeldía, y cómo había lidiado con la inseguridad y el deseo de encajar. Enfrentar estos recuerdos me permitió aceptar y entender esa parte de mí, y sanar las heridas de la juventud con compasión y comprensión.

Finalmente, llegamos a trabajar con mi yo adulta. Aquí, aprendí a integrar todas las partes de mi vida y a vivir en el presente con una perspectiva renovada. A través de la meditación y la práctica del Reiki, descubrí la importancia de vivir en el ahora y de no dejar que el pasado o el futuro me robaran la paz del presente.

Con el tiempo, empecé a adoptar prácticas que promueven mi bienestar. La meditación se convirtió en un refugio donde podía encontrar paz en medio del caos. La escritura me ofreció una forma de encontrar paz y quietud en mi alma, ya que me permitía expresar todo aquello que quizás no podía decir con palabras. A través de la escritura, pude liberar emociones y pensamientos profundos, dándoles un lugar tangible y seguro. Este proceso no solo me ayudó a aclarar mi mente y sanar mi corazón, sino que también me brindó una sensación de alivio y comprensión, permitiéndome conectar más profundamente conmigo misma y con mi historia.

Además, la música fue una parte esencial en mi sanación. La música, con su capacidad para evocar emociones y transportar el espíritu, me proporcionó consuelo en los momentos difíciles y alegría en los momentos de celebración. Escuchar melodías que resonaban con mi estado emocional me permitió procesar y liberar sentimientos, mientras que la creación de mi propia música me dio una vía para expresar mi alma de una manera pura y auténtica. La lectura también jugó un papel crucial en mi proceso de sanación.

A través de los libros, encontré sabiduría, consuelo y nuevas perspectivas que me ayudaron a comprender y enfrentar mis propios desafíos. Leer las experiencias y enseñanzas de otros me ofreció guía y esperanza, convirtiéndose en un faro de luz en los momentos de oscuridad.

La combinación de escritura, música y lectura se convirtió en un refugio donde pude encontrar paz y transformar mi dolor en belleza y sanación. Incluso pequeñas cosas, como pasear por el parque, hacer contacto con la naturaleza, sentir el aire fresco, admirar la belleza en los pequeños detalles que pasan inadvertidos o disfrutar de una taza de té en silencio, comenzaron a tener un nuevo significado.

No fue un proceso rápido ni fácil. Hubo días en los que me sentía retroceder, en los que el peso de mis emociones me aplastaba. Pero cada vez que caía, me recordaba a mí misma que la sanación es un camino, no un destino. Cada pequeño avance, cada momento de paz, era una victoria que merecía ser celebrada.

Así comenzó mi viaje hacia la sanación. Un viaje lleno de desafíos, pero también de descubrimientos y crecimiento. Este primer capítulo es solo el inicio de una historia más grande, una historia de superación y esperanza. Si estás leyendo esto, quiero que sepas que no estás solo/a. Todos enfrentamos nuestras propias tormentas, pero también todos tenemos la capacidad de encontrar la calma después de la tempestad.

Sentí un crecimiento significativo en mi capacidad para manejar situaciones estresantes; fueron días en los que, a veces, sentía que iba superando obstáculos y otros en los que sencillamente me decía: «No vas a poder continuar». Mi habitación se convirtió en mi lugar seguro, mi refugio; esas cuatro paredes me sostenían en mis momentos más oscuros, cuando las lágrimas comenzaban y parecían no tener fin.

Durante el proceso, pude ver más claramente mi misión de vida; entendí, aprendí y acepté lo que hoy en día defino como lo más hermoso.

En medio de mis terapias, en las profundidades de mi sanación personal, ocurrió un descubrimiento trascendental que transformaría mi vida para siempre. Cada sesión de terapia era una exploración de mi ser interior, un viaje hacia las partes más profundas de mi alma, donde me encontré con mis miedos, mis heridas y también con mi misión de vida.

Fue durante una de esas sesiones que tuve una revelación. Recuerdo claramente ese día: había estado trabajando intensamente en sanar mis heridas emocionales y en comprender las raíces de mi ansiedad y tristeza. Mi terapeuta, con su guía amorosa y sabiduría, me ayudó a desentrañar capas de dolor que había llevado conmigo por años. En medio de este proceso de liberación, sentí una paz profunda y una claridad que nunca había experimentado.

En esa paz, una voz interior, suave pero clara, emergió. Esta voz me susurró que mi misión en esta vida es ser una luz para las personas, ayudar a otros a encontrar su propio camino de sanación y paz. Sentí una conexión profunda con esta misión, como si una verdad olvidada hubiera sido revelada.

La sincronía del universo comenzó a manifestarse de maneras asombrosas. Poco después de esta revelación, conocí a la persona que me introdujo al mundo del Reiki y la angelología, **mi querido sol, María Eugenia**. Empecé a aprender sobre estas prácticas de sanación con una sed insaciable de conocimiento. Reiki, con su energía sanadora y amorosa, resonó profundamente en mí.

Simultáneamente, la angelología me enseñó a conectar con los seres de luz, los ángeles, quienes me guiaban y protegían en mi camino. Cada encuentro con estas energías angelicales era una confirmación de que estaba en el camino correcto, que mi misión de vida era real y poderosa.

La transformación no ha sido inmediata, pero con cada día de práctica y estudio, voy sintiendo cómo mi vida se llena de propósito y claridad.

A mis abuelas, con infinito amor y gratitud

A mis queridas abuelas, les debo no solo el haber sido parte fundamental en mi vida, sino también el haber guiado mi alma hacia la luz cuando más lo necesitaba. Cada una, desde su lugar en el cielo, ha sido un faro que me mostró el camino en los momentos más oscuros.

A ti, **mi Dama Hermosa (abuela Hilda)**, que salvaste mi vida en el instante más desesperado, cuando mi corazón no veía más que sombras. Fue tu voz la que me llamó de vuelta, la que me recordó que todavía había esperanza, que mi historia no podía terminar en ese momento. Gracias por ser mi ángel guardián, por estar conmigo cuando no podía sostenerme a mí misma, por mostrarme que, aun en los momentos más duros, siempre hay una razón para seguir adelante. Tu amor me devolvió la vida, y por eso, estaré eternamente agradecida.

Y a ti, **mi Copito de Nieve (abuela Carmen),** que con tu inmenso amor y sabiduría me colocaste en el camino hacia la sanación, abriendo la puerta para que @Marialepsicologa llegara a mi vida. A través de tus señales, supe que no estaba sola en este viaje, que el universo había conspirado para que encontrara a la persona que me ayudaría a encontrarme a mí misma. Gracias por esa guía divina, por ser el puente hacia la sanación que tanto necesitaba. Tu amor y cuidado, incluso desde el otro lado, me han sostenido y me han dado la fortaleza para continuar.

Ambas, con sus manos invisibles, me han acompañado en cada paso de este proceso. Ustedes me han demostrado que el amor trasciende el tiempo, el espacio y la muerte. Gracias por no dejarme caer, por enviarme su luz y por estar siempre presentes en mi corazón. Hoy soy quien soy gracias a ustedes, porque nunca me abandonaron, porque su amor eterno ha sido mi refugio.

En mi proceso de sanación, he tenido el privilegio de encontrar en mi vida a personas que han jugado un papel crucial en mi viaje hacia la transformación. Entre estas personas especiales se encuentran mis abuelas, quienes, a través de sus recuerdos y la influencia que han tenido en mi vida, han sido guías y maestras en este camino.

Mis abuelas, cada una con su propia historia y sabiduría, me han mostrado que romper patrones y vivir desde el amor es una posibilidad real. Aunque ya no están físicamente presentes, sus enseñanzas y el legado que dejaron han sido fundamentales para entender que es posible desafiar los patrones heredados y construir una vida llena de amor y disfrute.

Desde lo más profundo de mi alma, gracias por guiarme, por salvarme y por amarme tanto. Todo lo que soy y todo lo que he logrado en este camino de sanación es también gracias a ustedes.

Reflexión del capítulo

Hoy, al reflexionar sobre esos momentos oscuros, me doy cuenta de la importancia de pedir ayuda y de no rendirse ante la desesperación. Dos figuras han sido cruciales: mis abuelas. Una me salvó en momentos de desesperación, mientras que la otra, a través de una conexión inesperada, me guio hasta mi psicóloga. Estas mujeres han sido faros de luz, mostrándome que romper patrones y vivir desde el amor es posible.

Su amor y su guía me dieron la fuerza para comenzar mi camino hacia la sanación, un camino que sigo recorriendo con valentía y determinación.

Capítulo 2

Sanación de mis ancestros y mi concepción

La historia de una persona no comienza el día que nace, sino mucho antes, en las raíces profundas de su árbol genealógico. Mi camino hacia la sanación empezó a tomar forma antes de que yo llegara a este mundo, en las historias y experiencias de mis ancestros.

El proceso de sanar el árbol genealógico es una práctica profunda y significativa que busca liberar patrones emocionales, comportamientos repetitivos y traumas heredados de generaciones anteriores. Este trabajo no solo beneficia a la persona que lo realiza, sino que también tiene un impacto positivo en las futuras generaciones.

El impacto de la historia ancestral en mi vida

Desde una edad temprana, sentí el peso de las expectativas y las esperanzas de mis ancestros. Me di cuenta de que no solo heredamos el color de los ojos o la estructura facial, sino también los patrones emocionales y las cargas espirituales. A través de mi viaje de sanación, aprendí a identificar estos patrones y a trabajar conscientemente para transformarlos.

El proceso de sanación fue el primer paso al reconocer y aceptar la historia de mi familia. Inicié el viaje con la búsqueda de información para construir mi árbol genealógico, una tarea que emprendí con gran entusiasmo y esperanza. Quería conocer mis raíces, entender de dónde venía y cómo las experiencias de mis antepasados habían influido en mi vida. Sin embargo, este viaje no fue sencillo.

Comencé hablando con mis padres y tíos, esperando que pudieran compartir detalles sobre nuestra historia familiar. Las conversaciones revelaron fragmentos de recuerdos, nombres y lugares, pero faltaban muchas piezas cruciales del rompecabezas. A medida que indagaba más profundamente, me encontré con la realidad de que muchos de los detalles de nuestros ancestros se habían perdido en el tiempo.

La falta de registros y la memoria selectiva de los familiares hicieron que la tarea se volviera cada vez más desafiante. Muchos de mis parientes mayores ya no estaban, y aquellos que aún vivían no tenían recuerdos. Preguntar sobre los ancestros se convirtió en un ejercicio de juntar piezas dispersas, tratando de ensamblar una imagen coherente a partir de fragmentos de información.

A pesar de mis esfuerzos, hubo muchos vacíos que no pude llenar con certeza. Fue en ese momento cuando decidí que, para seguir adelante, tendría que imaginar parte de la historia de mis ancestros. Imaginé las vidas que pudieron haber llevado, los desafíos que enfrentaron y las alegrías que experimentaron. Este proceso de imaginación no fue solo una forma de completar mi árbol genealógico, sino también una manera de honrar a aquellos cuyas historias no habían sido contadas.

La imaginación me permitió conectar emocionalmente con mis ancestros, sintiendo su presencia y comprendiendo que, aunque no conociera todos los detalles, su legado vivía en mí. Imaginé a mis abuelos y bisabuelos viviendo en tiempos difíciles, enfrentando adversidades con valentía y amor. Cada historia imaginada se convirtió en una pieza del mosaico de mi identidad, dándome una mayor comprensión y aprecio por mi linaje.

La creación de mi árbol genealógico, aunque llena de desafíos y vacíos, se convirtió en una experiencia profundamente transformadora. La combinación de búsqueda factual e imaginación no solo me permitió construir una narrativa coherente de mi pasado, sino que también me brindó una mayor comprensión de mí misma y de mi lugar en la cadena de generaciones. Este capítulo de mi vida es un tributo a mis ancestros, tanto conocidos como desconocidos, y a la resiliencia y amor que han transmitido a través del tiempo.

Durante una constelación familiar, pude visualizar y entender las dinámicas ocultas en mi sistema familiar. En estas constelaciones, los patrones repetitivos y las cargas emocionales salieron a la luz, permitiéndome ver con claridad las influencias de mis ancestros en mi vida. Estas constelaciones son una herramienta poderosa para darles lugar a nuestros ancestros. Es un método terapéutico que nos permite visualizar y entender las dinámicas ocultas en nuestro sistema familiar. A través de las constelaciones, podemos ver cómo los patrones emocionales y comportamentales se han transmitido de generación en generación y trabajar para liberarlos.

Fue así como pude ver claramente que ciertos miedos y ansiedad que experimentaba no eran solo míos, sino que provenían de mi abuela materna, quien vivió tiempos de gran incertidumbre y pérdida. Al reconocer este vínculo, pude agradecerle por su valentía y comenzar a liberarme de ellos.

Además, complementé este trabajo con meditaciones guiadas, que me ayudaron a conectarme profundamente con mis raíces. Durante estas meditaciones, visualicé a mis ancestros, agradeciéndoles por todo lo que hicieron con las herramientas que tenían. Sentí su presencia y su apoyo, lo que me dio una nueva perspectiva y me permitió liberar el dolor y las cargas que llevaba inconscientemente.

Reconocer nuestra historia ancestral es el primer paso para honrar a nuestros ancestros. Esto implica investigar y comprender las vidas de quienes nos precedieron: sus desafíos, logros, dolores y alegrías. Al conocer sus historias, podemos entender mejor los patrones y comportamientos que se han transmitido a través de las generaciones.

La práctica de agradecimiento es una forma efectiva de expresar gratitud mediante rituales simples pero significativos. Por ejemplo, encender una vela en honor a un ancestro específico y decir en voz alta: «Gracias, abuela, por tu fortaleza y sacrificio. Reconozco y honro todo lo que hiciste por nuestra familia». Este acto simbólico ayuda a crear una conexión más profunda con ellos.

Los rituales de sanación me ayudaron profundamente a darles lugar a mis ancestros, creando un espacio tangible y espiritual para honrar sus vidas y legados. Al encender velas en su honor y escribirles cartas agradeciéndoles, logré establecer una conexión más profunda y consciente con ellos. Estos rituales me permitieron expresar gratitud y reverencia, reconocer sus sacrificios y aportes, y liberar cargas emocionales heredadas. Cada acto simbólico no solo fortaleció mi vínculo con mis ancestros, sino que también me proporcionó una sensación de paz y apoyo, permitiéndome avanzar en mi camino de sanación con una nueva perspectiva y un corazón más ligero.

La importancia de conocer nuestro linaje

En mi viaje, descubrí la importancia de conocer y entender nuestras raíces. Las historias y experiencias de nuestros ancestros son fundamentales para construir nuestro árbol genealógico y, a su vez, para nuestra propia sanación. La falta de información sobre mis antepasados me llevó a imaginar gran parte de mi historia familiar. Este vacío me hizo dar cuenta de lo esencial que es compartir y preservar la información de nuestras familias.

Conocer nuestro linaje nos permite reconocer patrones, comprender nuestras propias vivencias y darles un lugar a nuestros antepasados en nuestra historia. Esto no solo honra su memoria, sino que también nos brinda una base sólida sobre la cual construir nuestras vidas. Por ello, les sugiero a mis lectores que investiguen y compartan sus historias familiares. No dejen que el conocimiento de su linaje se pierda en el tiempo. Esta conexión con el pasado puede ser una fuente poderosa de sanación y fortaleza.

Carta a mis Ancestros:

Hoy, con profundo amor y gratitud, quiero honrarlos por todo lo que han sido, lo que han hecho y lo que, de alguna forma, sigue presente en mí. Reconozco que, aunque el camino no siempre fue fácil, ustedes hicieron lo mejor que pudieron con las herramientas que tenían. A través de sus vidas, sus sacrificios, sus luchas y sus alegrías, me han legado una fortaleza ancestral que corre por mis venas.

Agradezco profundamente los patrones que, sin darme cuenta, repetí; porque ellos me han mostrado quién soy, y me han dado la oportunidad de sanar, de liberar, y de ser mejor para las generaciones que vienen detrás de mí. Hoy, les doy las gracias por todo lo que hicieron por mis abuelos y por mis padres. Gracias por los regalos y las lecciones, por el amor y las raíces que me han dejado.

Hoy les doy lugar en mi corazón, los abrazo con ternura y les agradezco su presencia en mi camino de sanación.

Con todo mi amor

Hilcarmen

El embarazo de mi madre

La historia de mi concepción es en sí misma un testimonio de resiliencia y milagro. Los médicos no supieron de mi existencia hasta los seis meses. Esta noticia fue recibida con sorpresa y una mezcla de emociones en mi familia. Mi madre, enfrentando esta noticia, tuvo que adaptarse rápidamente a la realidad de un embarazo avanzado, mientras que mi familia tuvo que reorganizarse para recibir a un nuevo miembro con tan poco tiempo de anticipación. Reflexionando sobre esto, me doy cuenta de que mi llegada tardía simboliza una nueva y una segunda oportunidad para sanar viejas heridas.

La integración y el crecimiento, el aceptar y honrar mi pasado, ha sido fundamental en mi proceso de sanación. He aprendido a ver las heridas no solo como fuentes de dolor, sino también como oportunidades para el crecimiento y la transformación. Mi objetivo ahora es transmitir este legado de sanación y resiliencia a las futuras generaciones, asegurándome de que las lecciones aprendidas no se pierdan, sino que se conviertan en la base de un futuro más brillante.

Como la primogénita, mi llegada al mundo adquirió un significado especial, marcando el inicio de una nueva etapa en la vida de mis padres. Fue así como aquel jueves 24 de enero vi la luz del mundo, una fecha que se convirtió en un hito en la vida de mi familia. Mi llegada al mundo fue un momento de gran significado, marcando no solo el inicio de mi vida, sino también el comienzo de un nuevo capítulo para mis padres y para todos aquellos que me rodeaban.

El 24 de enero no fue simplemente el día de mi nacimiento; fue una fecha que simbolizaba el cumplimiento de un sueño y el inicio de una nueva etapa para mi madre. Este día se convirtió en un recordatorio de la capacidad de adaptarse y encontrar belleza incluso en los momentos inesperados. Mi nacimiento, que llegó como un regalo, trajo consigo una nueva perspectiva para mi familia, subrayando la importancia de valorar cada momento y de enfrentar los desafíos con esperanza y amor.

Reflexionar sobre el embarazo de mi madre y el día de mi nacimiento me ha permitido apreciar aún más el amor y la fortaleza que rodearon mi llegada al mundo. Cada aspecto de mi historia de concepción y nacimiento resuena profundamente en mi vida, recordándome que cada desafío y sorpresa puede transformarse en oportunidades de crecimiento y amor. Mi llegada ha sido un testimonio de la resiliencia y el compromiso de mi familia, y un símbolo de la capacidad de encontrar luz y esperanza incluso en los momentos más inciertos.

Reflexión del capítulo

Sanar a mis ancestros ha sido una de las experiencias más reveladoras de mi vida. Comprendí que mis raíces están llenas de historias, luchas y amores que viven en mí, incluso antes de mi concepción. Mi llegada al mundo no fue un accidente, sino el resultado de generaciones que me precedieron, transmitiéndome sus sueños, sus heridas y su fuerza.

Nací cuando el tiempo ya corría; a los seis meses de gestación, los médicos se dieron cuenta de mi existencia, como si mi alma hubiera esperado el momento exacto para presentarse. Hoy, al honrar ese pasado y dar lugar a mis ancestros, libero los patrones que no me pertenecen. Reconozco el regalo de la vida que me ha sido dado y, al sanar sus heridas, también sano mi propio ser.

Capítulo 3

Reencuentro con el niño interior: sanando las heridas del pasado

En lo más profundo de nuestro ser yace un tesoro olvidado: nuestro niño interior, que lleva consigo las alegrías y las heridas de nuestra infancia. Este capítulo es un viaje de autodescubrimiento y sanación, donde exploraremos cómo reconciliarnos con nuestro pasado, sanar las heridas emocionales y reintegrar a nuestro niño interior como parte esencial de nuestro ser adulto.

En el tranquilo refugio de la introspección, nos adentramos en un viaje profundo y conmovedor hacia el reencuentro con nuestro niño interior. Este capítulo es un testimonio de cómo el pasado moldea nuestro presente y cómo, a través de la compasión y la autoaceptación, podemos sanar las heridas de la infancia para nutrir un crecimiento personal genuino y liberador.

El eco de la infancia es ir reconociendo las heridas. Cada uno de nosotros lleva dentro las huellas de nuestra niñez. A veces son risas y juegos, pero también pueden ser lágrimas no derramadas y palabras no dichas. Reconocer aquellas heridas es como descifrar un antiguo pergamino emocional, lleno de momentos de abandono, rechazo o dolor que aún resuenan en nuestro ser adulto.

Eco de la infancia se refiere a cómo las experiencias y emociones no resueltas de nuestra infancia pueden resonar o «hacer eco» en nuestra vida adulta. Esto puede manifestarse de diversas formas, como patrones de comportamiento repetitivos, relaciones interpersonales difíciles o problemas emocionales persistentes. Reconocer las heridas de la infancia implica identificar cómo estas experiencias pasadas continúan afectando nuestra vida presente, a menudo de manera subconsciente.

El niño que fuimos, vamos abrazando la vulnerabilidad. Nuestro niño interior representa nuestra esencia más pura y auténtica. Es la parte de nosotros que experimentó el mundo con asombro y curiosidad, pero también con vulnerabilidad y sensibilidad a las emociones. Reconocer y honrar a nuestro niño interior es fundamental para nuestro bienestar emocional y espiritual.

En silencio, cerramos los ojos y recordamos. Recordamos la inocencia perdida, las promesas rotas y los momentos de soledad. Aquel niño que fuimos, con su corazón tierno y sus sueños intactos, aún vive dentro de nosotros, anhelando ser escuchado y amado. Abracemos su vulnerabilidad con comprensión y ternura.

Buscar apoyo profesional a través de la terapia puede ser fundamental para explorar y procesar las experiencias traumáticas de la infancia bajo la guía de un terapeuta capacitado.

Trabajo corporal y energético. El cuerpo también almacena memorias emocionales. Prácticas como el yoga, la danzaterapia o la liberación de traumas a través de técnicas de liberación emocional pueden ser útiles para desbloquear tensiones físicas y emocionales.

El perdón se convierte en un puente hacia la sanación. No solo perdonamos a aquellos que nos hirieron, sino también a nosotros mismos por las expectativas incumplidas y las decisiones tomadas desde la ignorancia de la niñez. Perdonamos porque entendemos que todos somos seres humanos imperfectos, aprendiendo a través del dolor y la experiencia.

El acto de perdón es realmente poderoso cuando se trata de sanar y recuperar a nuestro niño interior. Aquí te explico cómo se relaciona y por qué es crucial:

Liberación de cargas emocionales: perdonar implica soltar el resentimiento, la ira y el dolor asociados con las experiencias pasadas que han herido a nuestro niño interior. Al hacerlo, liberamos el peso emocional que hemos llevado durante mucho tiempo, lo cual es fundamental para nuestra salud mental y emocional.

Sanación interna: el perdón no significa necesariamente olvidar o justificar lo que nos hicieron, sino más bien dejar de llevar ese dolor como una carga constante. Esto permite que nuestro niño interior se sienta seguro y protegido nuevamente, facilitando su sanación y restauración de la confianza en sí mismo.

Empoderamiento personal: al perdonar, nos empoderamos al tomar el control de nuestras emociones y decidir conscientemente liberarnos del pasado. Esto fortalece nuestra capacidad de manejar situaciones difíciles y nos ayuda a cultivar relaciones más saludables y auténticas.

Apertura a la curación: perdonar abre el camino hacia la curación emocional completa. Nos permite abrirnos a nuevas experiencias y oportunidades sin el peso del resentimiento o la amargura, lo que es esencial para el crecimiento personal y el bienestar integral.

Transformación y renovación: el acto de perdón no solo beneficia al individuo que perdona, sino que también puede transformar las dinámicas de las relaciones interpersonales y familiares, promoviendo la comprensión, la empatía y la conexión genuina.

En tu proceso de sanación y recuperación de tu niño interior, el perdón puede ser una herramienta poderosa para liberarte del pasado y crear un futuro más lleno de paz y autenticidad.

Reconstruyendo la confianza: Integrando al niño interior

Integrar al niño interior en nuestra vida presente es un acto de reconstrucción de la confianza perdida. A través de rituales cotidianos de autocuidado y amor propio, le recordamos que es bienvenido y seguro en nuestro mundo adulto. Escribimos cartas de aliento, nos dedicamos a actividades creativas y nos permitimos jugar sin restricciones.

Integrar al niño interior y reconstruir la confianza en él es fundamental para el proceso de sanación. Aquí algunos *tips* prácticos que puedes practicar:

1. **Conciencia y autoexploración:** toma tiempo para reflexionar sobre tu infancia y las experiencias que podrían haber afectado a tu niño interior. Reconoce cómo estas experiencias han moldeado tus creencias y comportamientos actuales.
2. **Escucha y valida tus emociones:** aprende a escuchar las necesidades emocionales de tu niño interior. Valida tus sentimientos y permítete experimentarlos plenamente sin juicio ni crítica.
3. **Prácticas de autocuidado:** dedica tiempo regularmente a actividades que nutran tu bienestar emocional y físico, como la meditación, el arte, la naturaleza o simplemente juegos y momentos de recreación que disfrutabas de niño.
4. **Terapia y apoyo profesional:** considera buscar ayuda terapéutica si las heridas emocionales son profundas o difíciles de manejar por ti mismo. Un terapeuta puede

proporcionar herramientas y apoyo para sanar y reintegrar al niño interior.

5. **Perdón y compasión:** practica el perdón hacia ti mismo y hacia otros. Reconoce que todos cometemos errores y que el crecimiento personal implica aprender y avanzar desde una perspectiva de compasión y aceptación.
6. **Creatividad y expresión:** fomenta tu creatividad y expresión a través de actividades artísticas o creativas. Esto no solo nutre a tu niño interior, sino que también te conecta con tu espíritu libre y juguetón.
7. **Establece límites saludables:** aprende a establecer límites claros y saludables en tus relaciones y en tu vida diaria. Esto protege a tu niño interior de experiencias que podrían recrear antiguos patrones de dolor o abandono.
8. **Celebración del proceso:** reconoce y celebra cada paso que das en la integración y sanación de tu niño interior. Cada avance es un logro significativo en tu viaje hacia la autenticidad y la plenitud emocional.

Estos consejos pueden ayudar a comenzar o continuar nuestro viaje de integración con ese niño interior, facilitando así un camino hacia una vida más equilibrada, auténtica y plena.

La vida adulta a menudo nos desconecta de esa parte esencial y auténtica de nosotros mismos: nuestro niño interior. Vamos a explorar y a ver cómo celebrar la espontaneidad y recuperar la alegría de vivir al reconectar con esa parte pura y libre de nosotros.

El niño interior es esa parte nuestra que conserva nuestras primeras experiencias, emociones y recuerdos de la infancia. Es un reflejo de nuestra autenticidad, curiosidad y capacidad de asombro. Reconocer y sanar a nuestro niño interior nos permite vivir una vida más plena y auténtica.

La espontaneidad: el camino a la libertad emocional

La espontaneidad es la capacidad de actuar de manera natural y sin restricciones. Es una expresión de libertad emocional y creatividad. Ser espontáneo nos permite descubrir nuevas facetas de nosotros mismos y disfrutar de la vida sin las ataduras del juicio y la autocrítica. Celebramos la vida con los ojos del niño que fuimos, redescubriendo la belleza en cada pequeño milagro.

La vez que decidiste cantar a todo pulmón en un karaoke sin preocuparte por lo que pensaran los demás y descubriste lo liberador que fue.

El momento en que te dejaste llevar por la risa contagiosa de un niño y te sentiste rejuvenecer.

Recuperando la alegría de vivir

Volver a ser niño es permitirnos disfrutar de las pequeñas cosas, vivir el presente y ser auténticos. Aquí hay algunas actividades que pueden ayudarnos a reconectar con nuestro niño interior:

Jugar: tomarse el tiempo para juegos, ya sea con niños o adultos, puede ser increíblemente revitalizante.

Pintar y crear: dedicar tiempo a actividades artísticas sin preocuparse por el resultado.

Bailar y cantar: expresarse a través del movimiento y la voz, permitiendo que las emociones fluyan libremente.

Ejercicios de visualización: imagina un lugar seguro y feliz de tu infancia y visualízate interactuando con tu niño interior allí.

Rituales diarios: mantén un diario donde expreses tus pensamientos y sentimientos como lo haría un niño. Haz actividades creativas regularmente.

En el abrazo final de este capítulo, cerramos el ciclo de la herida infantil con un acto de reconciliación y renacimiento. Agradecemos a nuestro niño interior por su valentía y fortaleza, reconociendo que cada experiencia, incluso las más dolorosas, nos ha llevado a un lugar de mayor comprensión y compasión hacia nosotros mismos y hacia los demás.

El proceso de reencuentro con nuestro niño interior no solo implica sanar las heridas del pasado, sino también celebrar las cualidades que nos hacen únicos y valiosos. Al cerrar el ciclo de la herida infantil, abrimos espacio para un renacimiento personal, donde el amor propio y la aceptación incondicional nos guían hacia un futuro lleno de posibilidades y realización.

Un nuevo comienzo

Este capítulo es un llamado a la acción para todos aquellos que desean sanar, crecer y transformarse a través del poder restaurador de reconectar con su niño interior. Que este viaje sea un testimonio de la fortaleza del espíritu humano y de la capacidad de sanar y prosperar incluso en las circunstancias más difíciles.

En un momento especial, en agosto del año 2023, decidí compartir esta parte de mi viaje con mi comunidad a través de un *live* en Instagram. Les hablé sobre cómo decidí vivir sola este proceso para conectar más profundamente conmigo misma y con mi niña interior. La soledad me brindó el espacio necesario para reflexionar, meditar y sanar. Vivir este proceso en soledad fue maravilloso y, a la vez, muy fuerte. La soledad me permitió confrontar mis emociones más profundas sin distracciones, pero también me enfrentó a mis miedos y vulnerabilidades de una manera directa.

Para transmitir mis emociones, elegí una canción que resonó profundamente con mi experiencia: *Confieso* del grupo OV7. La letra de esta canción expresa una vulnerabilidad y una verdad que sentí muy acorde con mi proceso de reconciliación.

Me fui el día más triste del mundo, y tuve que descubrir cómo vivir, sin ti a cada segundo. Me fui a caminar en el frío, a veces, para aprender cómo volar, hay que saltar al vacío.

Y aprendí tanto de lo que quiero ser, y no hubo un día en que no pensara en ti, nunca dejé de buscar cómo volver, y lo he logrado por fin. Estoy contigo otra vez, entiendo cuál es el rumbo, sonrío y puedo creer que puede ser, cuando tú y yo estamos juntas, y ahora que estamos aquí, se ha vuelto todo tan claro. Confieso que estando lejos aprendí que quiero estar a tu lado.

Volví el mejor día de mi vida, no fue difícil, pues sé que siempre dejas una luz encendida. Volví y estabas esperando. Tomé tu mano y dijiste, suavemente: «¿Por qué tardaste tanto?».

Y aprendí tanto de lo que quiero ser...

Estar solo puede ser una experiencia aterradora, pero también es una oportunidad para encontrar nuestra propia luz. En esos momentos de soledad y oscuridad, podemos descubrir la fuerza que llevamos dentro. La tormenta puede parecer interminable, pero siempre existe una luz en su interior. Es en la soledad donde podemos escuchar nuestra voz interior, confrontar nuestros miedos y sanar.

Siempre hay luz en la tormenta. Aunque las nubes sean densas y el camino parezca perdido, el sol siempre vuelve a brillar. La oscuridad nos enseña a valorar la luz y nos prepara para recibirla con un corazón más fuerte y sabio. Recordemos que la sanación no es un destino, sino un viaje continuo. Cada paso, por pequeño que sea, nos acerca más a la luz y nos permite brillar con más fuerza.

Reflexión del capítulo

Conectar con mi niña interior ha sido como redescubrir una parte de mí que había estado esperando ser escuchada. En su inocencia, cargaba heridas que, sin darme cuenta, moldearon mi vida. Al abrazarla, sané sus miedos, le di la ternura que le faltó y le recordé que merece ser amada.

Hoy, caminamos juntas, libres del pasado, celebrando la espontaneidad y recuperando la alegría de vivir. Sanar a mi niña interior no solo me ha liberado, sino que me ha permitido reconectar con esa chispa de vida que nunca debería haber perdido.

Capítulo 4

Sanando a mi yo adolescente

La adolescencia es una etapa crucial en la vida de cualquier persona, llena de cambios, descubrimientos y desafíos. Es un período en el que buscamos nuestra identidad, experimentamos intensas emociones y enfrentamos diversas presiones sociales y personales. Sanar a nuestro yo adolescente implica reconciliarnos con esas experiencias, aprender de ellas y liberarnos de las heridas que puedan haberse formado durante esos años formativos.

La adolescencia es una fase de transición entre la niñez y la edad adulta, caracterizada por rápidos cambios físicos, emocionales y psicológicos. Durante estos años, buscamos nuestro lugar en el mundo y empezamos a definir quiénes somos.

La pubertad trae consigo un torrente de cambios hormonales que afectan nuestro cuerpo y nuestras emociones. Estos cambios pueden ser abrumadores y, a menudo, nos dejan sintiéndonos inseguros y confundidos.

Emociones intensas y fluctuantes son comunes durante la adolescencia. Desde la alegría y la excitación hasta la tristeza y la ira, los adolescentes experimentamos una amplia gama de sentimientos, con frecuencia sin saber cómo manejarlos.

La búsqueda de identidad en la adolescencia es un momento de exploración y autodescubrimiento. Empezamos a cuestionar nuestras creencias, valores y el papel que desempeñamos en el mundo.

La presión por encajar en grupos sociales y la influencia de los compañeros pueden ser factores estresantes e importantes durante esta etapa.

Identificar nuestras heridas y tristezas adolescentes

Para sanar a nuestro yo adolescente, primero debemos identificar las heridas y tristezas que llevamos desde esa etapa de nuestras vidas. Esto puede incluir una variedad de experiencias traumáticas y desafíos emocionales.

Las experiencias traumáticas, como los problemas familiares, conflictos familiares, divorcios y otras dificultades en el hogar pueden afectar profundamente a los adolescentes.

El *bullying* (acoso escolar): son muchos los adolescentes que se enfrentan a estas situaciones, lo que puede dejar cicatrices emocionales duraderas.

Dentro de los desafíos emocionales, encontramos nuestras inseguridades y baja autoestima: la adolescencia es un momento en el que somos especialmente vulnerables a sentirnos inseguros y desarrollar una baja autoestima.

Un aspecto crucial en la etapa adolescente son las restricciones y expectativas familiares, que pueden llegar a ser una de las heridas más profundas para un joven. La presión constante de cumplir con estas expectativas familiares y sociales puede convertirse en una carga emocional considerable, especialmente cuando se imponen de manera rígida y sin tener en cuenta el bienestar del adolescente.

Restricciones por parte de los padres, control y supervisión: muchos adolescentes vivimos bajo una supervisión estricta y constante, donde cada aspecto de nuestra vida es controlado y monitoreado por nuestros padres. Esto puede incluir restricciones en nuestras actividades, amigos y tiempo libre, creando un ambiente donde el adolescente se siente sofocado y sin autonomía.

La falta de espacio para la autoexpresión ocurre cuando nuestros padres imponen normas y expectativas rígidas; el adolescente puede sentir que no tiene espacio para explorar su propia identidad y expresar sus verdaderos sentimientos y deseos.

Aquí me detengo, porque en mi proceso pude ver que fui una adolescente que debía cumplir con ciertas expectativas de perfección. tenía que ser un modelo a seguir, lo que me generaba una presión constante para ser siempre la mejor y destacar en todo. Nunca lo vi de esta manera hasta que comencé a sanar y entendí por qué a veces me sentía opacada o no valorada a pesar de mis logros.

Me di cuenta de que crecí creyendo que siempre debía ser la primera en todo, y ser un ejemplo para los demás puede ser abrumador. Esto incluía destacarme en la escuela, en actividades y en el comportamiento general. Ser un «modelo a seguir» puede llevar al adolescente a sentir que cualquier error o fracaso es inaceptable.

Ser un referente y establecer un estándar alto para los demás puede crear una carga emocional adicional, ya que el adolescente siente que debe mantener una imagen impecable en todo momento.

Ser mejor a los ojos de los demás es cargar siempre con la crítica constante; es ganarse muchas miradas negativas, que incluso te vean mal y deseen mal; es crear una falta de reconocimiento a los esfuerzos y logros individuales; es mantener unas expectativas muy altas ante el comportamiento de los demás.

Sanar a nuestro yo adolescente requiere tiempo, paciencia y las herramientas adecuadas. A continuación, te presento algunas estrategias y prácticas que me ayudaron en este proceso.

La terapia puede ser una herramienta invaluable para explorar y sanar las heridas del pasado. Hablar con mi terapeuta sobre mis experiencias adolescentes me ayudó a procesar y liberar emociones reprimidas.

La consejería me ofreció orientación y apoyo para navegar las complejidades emocionales de la adolescencia.

Escribir es liberador; nos permite llegar a recuerdos que creíamos olvidados y es una forma poderosa de explorar y procesar nuestras experiencias adolescentes.

La reflexión sobre nuestras experiencias pasadas puede ayudarnos a entender cómo nos han moldeado y cómo podemos liberarnos de sus efectos negativos.

La meditación nos ayuda a calmar nuestra mente y conectarnos con nuestras emociones profundas. La visualización guiada nos conecta con nuestra imaginación y crea un encuentro con nuestro yo adolescente, ofreciéndonos la oportunidad de brindar amor, comprensión y apoyo a esa versión de nosotros mismos.

Reconciliación y perdón

Uno de los aspectos más importantes de sanar a nuestro yo adolescente es la reconciliación y el perdón. Esto incluye perdonarnos a nosotros mismos y a los demás por cualquier dolor o sufrimiento que hayamos experimentado.

Perdonarnos a nosotros mismos es incluso un trabajo arduo, ya que por lo general somos nuestros críticos más duros. Es importante aprender a perdonarnos por los errores que cometimos en nuestra adolescencia y reconocer que estábamos haciendo lo mejor que podíamos en ese momento.

El perdón no significa excusar el comportamiento dañino de los demás, sino liberarnos del peso del resentimiento y la amargura.

Perdonar a aquellos que nos hicieron daño durante nuestra adolescencia nos permite sanar y avanzar con más ligereza y libertad.

Sanar a nuestro yo adolescente es un proceso continuo que implica integrar las lecciones aprendidas y crecer a partir de esas experiencias.

Reflexionar sobre las lecciones que hemos aprendido de nuestras experiencias adolescentes puede ayudarnos a crecer y evolucionar como personas.

Reconocer que cada desafío y dificultad nos ha ofrecido una oportunidad de aprendizaje y crecimiento.

La sanación nos permite evolucionar y convertirnos en una versión más fuerte y resiliente de nosotros mismos.

Aprovechar nuestras experiencias pasadas para construir un futuro más brillante y pleno.

Sanar a nuestro yo adolescente es un viaje profundo y transformador. Al reconciliarnos con nuestras experiencias pasadas y brindar amor y compasión a esa versión de nosotros mismos, podemos liberarnos de las heridas y tristezas que hemos llevado con nosotros. Este proceso nos permite vivir con más autenticidad, alegría y libertad, abriéndonos a un futuro lleno de posibilidades y crecimiento.

Aquí les quiero compartir la carta que en su momento le escribí a mi niña interior y mi adolescente, agradeciéndoles por todo, por la espera y por ese abrazo que mi alma anhelaba y no sabía.

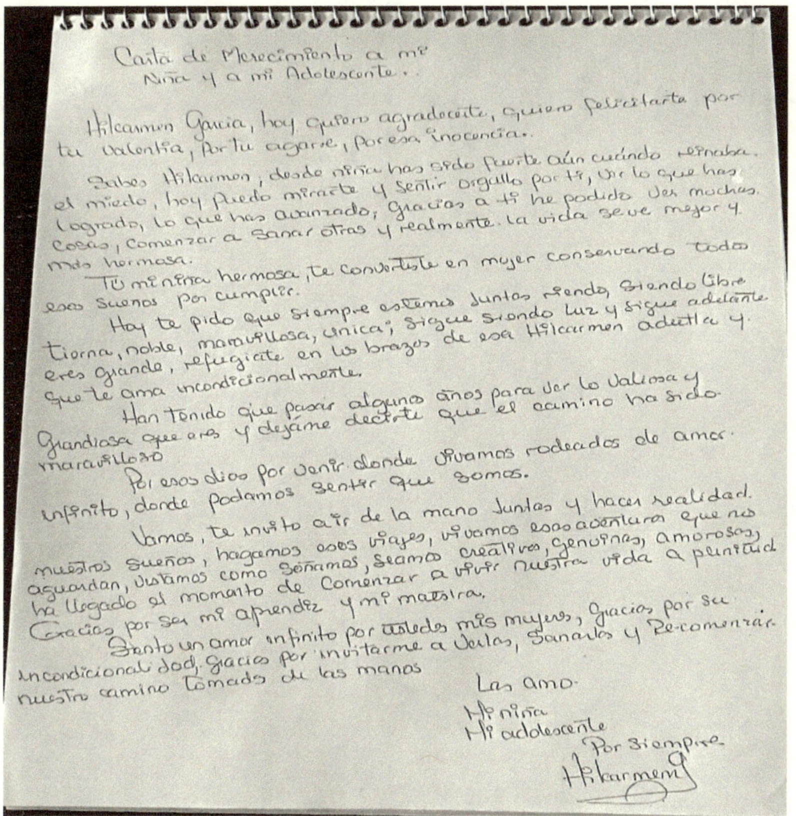

Carta de Merecimiento a mi
Niña y a mi Adolescente..

Hilcarmen Garcia, hoy quiero agradecerte, quiero felicitarte por tu valentia, por tu agarre, por esa inocencia.

Sabes Hilcarmen, desde niña has sido fuerte aún cuando reinaba el miedo, hoy puedo mirarte y sentir orgullo por ti, ver lo que has logrado, lo que has avanzado; gracias a ti he podido ver muchas cosas, comenzar a sanar otras y realmente la vida se ve mejor y más hermosa.

Tú mi niña hermosa, te convertiste en mujer conservando todos esos sueños por cumplir.

Hoy te pido que siempre estemos juntas siendo, siendo libre tierna, noble, maravillosa, única; sigue siendo luz y sigue adelante eres grande, refugiate en los brazos de esa Hilcarmen adulta y que te ama incondicionalmente.

Han tenido que pasar algunos años para ver lo valiosa y grandiosa que eres y déjame decirte que el camino ha sido maravilloso

Por esos días por venir donde vivamos rodeados de amor infinito, donde podamos sentir que somos.

Vamos, te invito a ir de la mano juntas y hacer realidad nuestros sueños, hagamos esos viajes, vivamos esas aventuras que nos aguardan, vistamos como soñamos, seamos creativas, genuinas, amorosas, ha llegado el momento de comenzar a vivir nuestra vida a plenitud
Gracias por ser mi aprendiz y mi maestra.

Siento un amor infinito por ustedes mis mujeres, gracias por su incondicionalidad, gracias por invitarme a verlas, sanarlas y re-comenzar nuestro camino tomados de las manos

Las amo.

Mi niña
Mi adolescente
Por siempre
Hilcarmen G

Reflexión del capítulo

Conectar con mi niña interior fue un paso vital para sanar, pero también tuve que mirar a mi yo adolescente, esa joven que creció con heridas y expectativas que no siempre pudo comprender. Ambas, la niña y la adolescente que fui, habían cargado con el peso del silencio, del miedo y de las dudas.

Al abrazar a mi niña, le di el amor y la seguridad que siempre necesitó; al mirar a mi adolescente, le ofrecí la compasión que nunca supo pedir. Juntas, hemos sanado. Hoy, tanto mi niña como mi adolescente caminan conmigo, libres de las cadenas del pasado, celebrando la vida con espontaneidad, alegría y una nueva fuerza.

Capítulo 5

La sanación de mi yo adulta

Después de haber trabajado profundamente con mi niña interior y mi adolescente, me enfrenté a la tarea de sanar a mi yo adulta. Este paso no fue simplemente la culminación de un proceso, sino una fase crucial que requería integrar todo lo aprendido y aplicar esa sanación a la vida diaria. Sanar a la Hilcarmen adulta significaba no solo lidiar con los desafíos del presente, sino también reconciliarme con las decisiones pasadas, las heridas y las lecciones que habían formado la persona que soy hoy.

El primer paso en este proceso fue reconocer y aceptar el impacto de mis experiencias pasadas en mi vida adulta. Me di cuenta de que muchas de las creencias y patrones que seguía en mi vida cotidiana estaban arraigados en las heridas no sanadas de mi infancia y adolescencia. Estos patrones influían en cómo manejaba las relaciones, el trabajo y mi propio bienestar emocional. Identificar estos patrones me permitió entender cómo habían moldeado mis decisiones y comportamientos actuales.

Sanar a mi yo adulta también implicaba enfrentar los miedos y las inseguridades que habían surgido a lo largo de los años. La inseguridad, el perfeccionismo y el miedo al fracaso eran ecos de mi pasado que seguían afectando mi vida. En lugar de permitir que estos temores dictaran mi vida, decidí confrontarlos con valentía. Esto significaba desafiar las creencias limitantes que me habían sido impuestas y reescribir mi narrativa personal. Cada miedo enfrentado, cada inseguridad abordada, fue un paso hacia la libertad y la autocomprensión.

Una parte fundamental de sanar a mi yo adulta fue aprender a establecer límites saludables. A lo largo de los años, había acumulado una tendencia a anteponer las necesidades de los demás a las mías, a veces a costa de mi propio bienestar. Establecer límites claros y saludables no solo me ayudó a proteger mi espacio emocional, sino que también me permitió construir relaciones más equilibradas y respetuosas. Aprender a decir «no» cuando era necesario fue un acto de autoafirmación y un signo de respeto hacia mí misma.

La autocompasión se convirtió en un componente esencial de mi sanación. Aprender a ser amable conmigo a tratarme con la misma empatía y comprensión que ofrecería a un amigo querido, transformó mi relación personal. En lugar de juzgarme severamente por errores pasados o por las decisiones que había tomado, comencé a ver cada experiencia como una oportunidad para aprender y crecer. Esta práctica de autocompasión me permitió soltar la culpa y el arrepentimiento, y me ayudó a abrazar mi humanidad y mis imperfecciones.

Además, la integración de mi niña interior y mi adolescente en mi vida adulta requirió un enfoque consciente hacia el autocuidado. Aprendí a priorizar mi bienestar emocional y físico de una manera que nunca había hecho. Esto incluía establecer rutinas saludables, buscar actividades que me llenaran de alegría y gratitud, y rodearme de personas que apoyaran y celebraran mi crecimiento. Este autocuidado no era solo una práctica, sino una forma de honrar el viaje que había recorrido y de mantenerme alineada con la persona que estaba en proceso de convertirme.

Finalmente, sanar a mi yo adulta significaba abrazar mi autenticidad. Al integrar las lecciones y la sabiduría adquirida en mi proceso de sanación, comencé a vivir mi vida de manera más auténtica. Ya no me sentía atrapada en los moldes que otros habían intentado imponerme, ni en las expectativas que me había impuesto a mí misma. En cambio, vivía de acuerdo con mis valores y deseos genuinos, reconociendo que el camino hacia la plenitud pasa por ser fiel a uno mismo.

La sanación de mi yo adulta ha sido un proceso profundo y transformador. Mi vida adulta comenzó marcada por un patrón repetitivo de vivir por y para los demás. Durante muchos años, estuve atada a expectativas externas y a un ciclo interminable de complacencia que no me permitía abrir mis alas y vivir plenamente. Este capítulo narra mi viaje de autodescubrimiento y sanación, y cómo logré romper con estos patrones para encontrar mi verdadero yo. Este viaje ha sido esencial para permitirme vivir en armonía y plenitud.

Lo puedo describir en diferentes etapas, las cuales descubrí en este proceso, y es que fue una ventana que se abrió y me mostró tanto que desconocía o que pensaba que estaba bien. Ahora te invito a que veas cada uno de esos puntos clave a los cuales tuve que invitar a sanar desde el amor.

Viviendo para los demás patrones de complacencia

Desde joven, me vi envuelta en un ciclo de complacencia, siempre esforzándome por cumplir con las expectativas de mis padres, amigos y la sociedad. Sentía que debía ser perfecta, que debía hacer todo lo posible por satisfacer a los demás y evitar cualquier conflicto o decepción.

Infancia y adolescencia: la semilla de este comportamiento se plantó en mi infancia. Mis padres, aunque amorosos y bienintencionados, tenían expectativas muy altas para mí. Como la primogénita, se esperaba que fuera un ejemplo para mis hermanos menores. Tenía que ser la estudiante perfecta, la hija ejemplar y la amiga incondicional. Cada logro académico, cada conducta correcta, era aplaudida y recompensada, lo que me llevó a asociar la aprobación y el amor con el cumplimiento de expectativas externas.

Se esperaba que fuera siempre la niña bien comportada, educada y respetuosa. No había espacio para errores o travesuras propias de la edad. La necesidad de encajar y ser vista como la niña perfecta reforzaba aún más los patrones de complacencia que ya estaban profundamente arraigados en mí.

En la escuela, el deseo de ser aceptada por mis compañeros y profesores reforzó aún más estos patrones. Participaba en todas las actividades extracurriculares, intentaba ser la mejor en todo y siempre ponía las necesidades de los demás antes que las mías. La aprobación de mis amigos y maestros se convirtió en una forma de validación que buscaba constantemente.

Universidad e inicio de la vida adulta: aumentó la presión. La transición a la universidad amplificó estas expectativas. La competencia académica era feroz, y sentía una presión constante para sobresalir. Además, la vida social universitaria traía consigo nuevas dinámicas y expectativas. Quería ser parte de todo, desde las actividades académicas hasta las sociales, y el miedo a decepcionar a mis padres, a perder la aceptación de mis amigos y a fallar en mis propios estándares me mantenía en un estado de constante ansiedad.

Al entrar al mundo laboral, este ciclo de complacencia se intensificó. Sentía que debía ser la empleada ideal: eficiente, proactiva y siempre dispuesta a ir más allá de mis responsabilidades. Trabajaba horas extras, aceptaba tareas adicionales y raramente decía «no». La cultura de alta exigencia en el trabajo y la necesidad de destacar para avanzar profesionalmente solo añadieron más peso a mis hombros.

Socialmente, continuaba esforzándome por mantener una imagen de perfección. Organizaba eventos, ayudaba a mis amigos en sus problemas y siempre estaba disponible para ellos, incluso cuando eso significaba descuidar mis propias necesidades. Sentía una responsabilidad abrumadora de ser la hija perfecta, la amiga leal y la empleada destacada. Evitaba cualquier conflicto o decepción, lo que me llevó a suprimir mis propias emociones y necesidades.

El peso de la perfección

Desde una edad temprana, la presión para alcanzar la perfección se convierte en una constante en la vida de muchos de nosotros. Criados bajo la premisa de que solo el éxito absoluto es aceptable, aprendemos a medir nuestro valor según estándares inalcanzables. Esta búsqueda implacable de la perfección no solo afecta nuestra percepción de nosotros mismos, sino que también invalida nuestras emociones y logros, llevándonos a vivir bajo una constante sombra de insatisfacción.

Esta constante necesidad de perfección y de cumplir con las expectativas de los demás empezó a afectar mi salud física y emocional. Experimentaba episodios de agotamiento extremo, insomnio y ansiedad. Sentía un vacío interno, como si, a pesar de todos mis esfuerzos, nunca fuera suficiente. La autoexigencia y el miedo al rechazo se convirtieron en mis compañeros constantes, guiando mis decisiones y acciones.

La falta de autenticidad en mi vida diaria me llevó a sentirme desconectada de mi verdadero yo. A menudo me preguntaba quién era realmente, qué quería y cuáles eran mis sueños, pero estas preguntas quedaban sin respuesta porque estaba demasiado ocupada viviendo para los demás. Mi identidad se había diluido en las expectativas y demandas de los demás, y había perdido de vista mis propios deseos y necesidades.

Durante mi proceso de sanación, reconocí cómo este perfeccionismo desmedido había erosionado mi bienestar emocional. La constante necesidad de cumplir con expectativas inalcanzables impedía mi capacidad para experimentar el disfrute y la satisfacción en los logros cotidianos. En lugar de celebrar los éxitos, estaba atrapada en una carrera interminable hacia la perfección, lo que resultaba en una satisfacción efímera y un sentimiento de vacío persistente.

La carga de ser casi perfecta

Desde pequeños, a menudo se nos enseña que debemos cumplir con expectativas elevadas. La idea de ser «casi perfecta» se convierte en un estándar no negociable, dictado por las expectativas familiares, sociales o culturales. Esta carga, a veces bienintencionada, lleva a una autoexigencia que se convierte en una parte intrínseca de nuestra identidad. Se nos condiciona a creer que solo a través de la perfección podremos ser aceptados y valorados.

La constante presión para alcanzar este ideal no solo limita nuestra capacidad de disfrutar de nuestros logros, sino que también pone en riesgo nuestro bienestar emocional. En lugar de celebrar nuestros éxitos, estamos enfocados en lo que no hemos logrado, en lo que aún no es suficiente. Esta mentalidad de insatisfacción perpetúa el ciclo de autocrítica, donde incluso los logros más notables se ven opacados por la creencia de que no son suficientemente buenos.

La invalidación de nuestras emociones y la autoexigencia

A menudo, en nuestra búsqueda de cumplir con estándares inalcanzables, tendemos a invalidar nuestras propias emociones, minimizando su importancia y negando su impacto. En el afán de ser perfectos, aprendemos a reprimir el dolor, la tristeza y la ansiedad, creyendo erróneamente que son debilidades que no podemos permitirnos.

Al hacerlo, nos separamos de nuestra verdadera esencia, creando un vacío emocional que se llena con autoexigencia y autocrítica. Nos olvidamos de que nuestras emociones son señales valiosas, mensajes del corazón que merecen ser escuchados y comprendidos.

Es solo cuando comenzamos a sanar y a mirar hacia atrás que entendemos el verdadero costo de esta invalidación. El daño que nos hemos hecho al ignorar nuestras emociones se revela en la forma de estrés acumulado, dolor no resuelto y una sensación de desconexión de nosotros mismos. Nos damos cuenta de que, al negar nuestras emociones, hemos desestimado partes esenciales de nuestra humanidad.

Reconocer este daño es el primer paso hacia la curación. Aceptar que nuestras emociones son válidas, independientemente de cuán incómodas o difíciles puedan ser, nos permite comenzar a restaurar el equilibrio interno. La sanación empieza con la apertura a nuestras experiencias emocionales, dándonos permiso para sentir, procesar y, finalmente, liberarnos del peso de la autorrepresión.

La revelación de la realidad

Con el tiempo, el peso de la perfección comienza a revelar su verdadero costo. Al enfrentar las realidades de nuestras vidas y nuestros propios límites, empezamos a cuestionar el valor de las expectativas imposibles que se nos impusieron. La realización de que la perfección es un ideal inalcanzable, y que nuestra valía no está en cumplir con estas expectativas, marca un punto de inflexión crucial en nuestro proceso de sanación.

Este despertar nos permite ver que nuestras emociones no son defectos a ser ocultos, sino parte integral de nuestra experiencia humana. Reconocer que los logros que alguna vez se vieron como insuficientes son en realidad testimonios valiosos de nuestro esfuerzo y crecimiento nos ayuda a reconfigurar nuestra percepción de nosotros mismos. La aceptación de que nuestros errores y limitaciones son parte del viaje, y no un reflejo de nuestro fracaso, nos permite vivir con mayor autenticidad y satisfacción.

El camino hacia la autoaceptación

Liberarse del peso del perfeccionismo no fue un proceso fácil, pero fue esencial para mi sanación. Aceptar que la perfección es una ilusión y que mi valor no reside en cumplir con estándares inalcanzables me permitió encontrar un mayor equilibrio y paz interior. Aprender a ser amable conmigo misma, a celebrar mis logros y a aceptar mis imperfecciones fue una parte vital de mi proceso de crecimiento.

Este viaje hacia la aceptación y el amor propio me enseñó que la verdadera plenitud se encuentra en abrazar nuestra humanidad, en reconocer que somos valiosos no por ser perfectos, sino por ser auténticos. Al dejar atrás el peso del perfeccionismo, descubrí la libertad para vivir una vida más plena y satisfactoria, donde la autoaceptación y el autocuidado se convirtieron en mis guías.

Al soltar la búsqueda de la perfección, descubrimos la verdadera belleza en nuestra autenticidad y en la aceptación de nuestras propias limitaciones. Al final, la verdadera paz y satisfacción provienen de reconocer y celebrar quiénes somos, en lugar de quiénes creemos que deberíamos ser. En este viaje hacia la autoaceptación, encontramos la libertad para vivir de manera plena, valorando nuestras emociones y logros como una parte integral de nuestro ser.

Las consecuencias de no vivir para mí

Vivir para los demás, en lugar de para uno mismo, puede parecer una forma de buscar aprobación y aceptación, pero a menudo resulta en un sacrificio profundo de nuestra identidad y bienestar. Esta dinámica no solo afecta nuestra percepción personal, sino que también tiene consecuencias significativas en nuestra vida emocional, mental y física.

Este patrón de comportamiento me llevó a sacrificar mis propios deseos y necesidades. Me encontré constantemente agotada, emocionalmente drenada y sintiendo un vacío interior. La autoexigencia y el miedo al rechazo guiaban mis decisiones, lo que me impidió explorar mis propias pasiones y aspiraciones.

Este ciclo de complacencia era una prisión invisible que me mantenía atrapada en una vida que no era realmente mía.

Cuando vivimos para cumplir con las expectativas de otros, perdemos el contacto con nuestra verdadera esencia. Nos adaptamos a roles y estándares impuestos externamente, sacrificando nuestras propias pasiones, deseos y necesidades. Este desajuste entre nuestro ser auténtico y la persona que mostramos al mundo crea una disonancia interna, donde la autenticidad se ve reemplazada por una versión superficial de nosotros mismos.

Esta pérdida de identidad personal puede llevar a una crisis de sentido, donde nos preguntamos quiénes somos realmente y qué queremos en la vida. La desconexión con nuestra verdadera esencia provoca un vacío que puede ser difícil de llenar, llevando a una sensación persistente de insatisfacción y desorientación.

Las consecuencias en las relaciones personales: vivir para los demás también impacta nuestras relaciones interpersonales. A menudo, nuestras relaciones se vuelven transacciones en las que intentamos ganar aprobación o evitar conflictos, en lugar de experimentar una conexión genuina. La falta de autenticidad en nuestras interacciones puede llevar a relaciones superficiales o insatisfactorias, donde el verdadero yo queda oculto tras una máscara de complacencia.

El sacrificio de nuestras propias necesidades y deseos en favor de complacer a otros puede generar resentimiento y distancia en nuestras relaciones. A medida que nuestras propias emociones y necesidades quedan relegadas, se crea un desequilibrio que puede afectar la calidad y profundidad de nuestras conexiones personales.

El impacto en el bienestar físico: el estrés emocional y la presión constante por cumplir con expectativas externas también tienen un impacto tangible en nuestra salud física. El agotamiento crónico, los trastornos del sueño y problemas digestivos son algunas de las manifestaciones físicas que pueden resultar de vivir bajo una presión constante para ser algo que no somos.

El descuido de nuestras necesidades físicas y emocionales en favor de las expectativas ajenas puede llevar a un deterioro de nuestra salud general. Reconocer y abordar estos impactos es esencial para recuperar el equilibrio y restaurar nuestro bienestar integral.

El camino de regreso a mí mismo: recuperar nuestra autenticidad y aprender a vivir para nosotros mismos es un proceso que requiere coraje y autorreflexión. Empezar por reconocer nuestras propias necesidades, deseos y emociones es el primer paso hacia una vida más auténtica y satisfactoria. La autoaceptación y el autocuidado se convierten en prácticas esenciales para sanar las heridas de vivir en función de otros.

Es importante recordar que vivir para uno mismo no significa ser egoísta, sino honrar nuestra propia esencia y necesidades. Este camino de regreso a nuestra autenticidad nos permite construir una vida que refleje verdaderamente quiénes somos, llevando a una mayor satisfacción, salud y plenitud.

Estableciendo límites saludables

Un aspecto crucial de mi sanación fue aprender a establecer límites saludables. Este proceso fue fundamental para empezar a vivir una vida que reflejara mis verdaderos valores y necesidades, en lugar de las expectativas de los demás.

Comencé a decir «no» cuando algo no alineaba con mis valores o cuando simplemente necesitaba tiempo para mí. Al principio, fue difícil y a menudo me sentía culpable, pero con el tiempo, entendí que establecer límites era una forma de respetarme y cuidarme.

Establecer límites saludables es una habilidad esencial para mantener el equilibrio y la armonía en nuestras vidas. Los límites no son barreras para alejar a las personas, sino pautas claras que nos permiten proteger nuestro espacio personal, emocional y mental, y asegurar que nuestras relaciones sean equilibradas y respetuosas. En este proceso, aprendemos a valorarnos y a comunicar nuestras necesidades de manera efectiva.

Reconociendo la necesidad de límites

Toma de conciencia: el primer paso fue reconocer que la ausencia de límites en mi vida estaba contribuyendo a mi agotamiento y a la desconexión con mi verdadero yo. Me di cuenta de que siempre decía «sí» a todo, sin importar si eso significaba sacrificar mi bienestar físico y emocional.

Reflexión personal: a través de la reflexión y la introspección, empecé a identificar situaciones en las que me sentía sobrepasada y resentida. Estas situaciones eran indicadores claros de que necesitaba establecer límites más firmes.

La práctica y reafirmación

Pequeños pasos: empecé con pequeños pasos, estableciendo límites en situaciones menos complicadas. Por ejemplo, comencé a reservar tiempo para mí misma después del trabajo, declinando invitaciones sociales cuando necesitaba descansar.

Comunicación asertiva: aprendí a comunicar mis límites de manera asertiva y respetuosa. Utilizaba frases como «Aprecio que hayas pensado en mí, pero no puedo comprometerme en este momento» o «Necesito tiempo para descansar, así que no podré asistir».

Reafirmación constante: cada vez que decía «no» y mantenía un límite, me aseguraba de reafirmar mi decisión. Recordarme a mí misma que estaba actuando en línea con mis valores y necesidades fue crucial para fortalecer mi confianza en el proceso.

Transformación personal: el poder de los límites

Respeto y autocuidado: entendí que establecer límites era una forma de respetarme y cuidarme. Comenzar a decir «no» cuando algo no alineaba con mis valores o cuando simplemente necesitaba tiempo para mí fue una declaración de mi dignidad y autovaloración.

Aumento de la autenticidad: a medida que establecía límites más firmes, empecé a vivir de manera más auténtica. Ya no me sentía obligada a cumplir con las expectativas de los demás a costa de mi felicidad y bienestar. Mi vida comenzó a reflejar mis verdaderos intereses, pasiones y valores.

Relaciones más saludables: sorprendentemente, establecer límites no solo benefició mi bienestar personal, sino que también mejoró mis relaciones. Las personas que realmente me valoraban y respetaban comenzaron a comprender y aceptar mis necesidades. Las relaciones superficiales o unilaterales, donde mi complacencia era la base, se desvanecieron.

Evolución continua: los límites como parte integral de mi vida

Aprendizaje y adaptación: el proceso de establecer límites fue y sigue siendo una evolución continua. A medida que mis circunstancias y prioridades cambiaban, mis límites también necesitaban ajustarse. Aprendí a ser flexible y adaptable, reconociendo que los límites no son fijos, sino que deben evolucionar junto con mi crecimiento personal.

Reconocimiento del progreso: mirando hacia atrás, reconozco el enorme progreso que he hecho. Lo que una vez fue una tarea extremadamente difícil ahora se ha convertido en una parte integral de mi vida. Establecer límites es ahora una práctica natural que me permite mantener mi equilibrio emocional y físico.

Impacto en la salud mental y física

Reducción del estrés: la capacidad de decir «no» y establecer límites ha tenido un impacto significativo en la reducción de mi nivel de estrés. Ya no me siento sobrecargada con compromisos y responsabilidades que no quiero asumir.

Con menos estrés y más tiempo para mí misma, he podido centrarme en hábitos más saludables, como la alimentación adecuada, el ejercicio regular y el descanso suficiente.

El desafío de decir «no»

Decir «no» puede ser uno de los actos más difíciles en nuestro camino hacia la autodeterminación y el autocuidado. A menudo, esta palabra sencilla se convierte en una barrera emocional significativa, especialmente cuando hemos sido condicionados a complacer a los demás o a evitar el conflicto. El desafío de establecer límites y decir «no» no solo es una cuestión de comunicación, sino un proceso profundo de cambio personal y emocional.

La dificultad inicial, romper el ciclo del complacimiento: durante años, decir «no» se asociaba en mi mente con ser egoísta o defraudar a aquellos a quienes amaba. La idea de establecer límites y rechazar solicitudes o expectativas se veía como una traición a los valores de generosidad y disposición que me habían enseñado. El temor al rechazo y la preocupación por no cumplir con las expectativas ajenas creaban un conflicto interno, generando un profundo sentimiento de culpa y ansiedad.

Este desafío era más que una cuestión de palabras; era un reflejo de una mentalidad arraigada en el deseo de ser aceptada y apreciada. Cada intento de establecer un límite se sentía como una violación de un código no escrito que dictaba que siempre debía estar disponible y complaciente. Este patrón de comportamiento, aunque bien intencionado, resultaba insostenible y desgastante, impidiendo que cuidara adecuadamente de mi propio bienestar.

Enfrentando la culpa, una lucha interna: sentir culpa fue una respuesta natural y poderosa al principio. La creencia internalizada de que debía poner las necesidades de los demás por encima de las mías creaba una resistencia interna significativa. Esta culpa se manifestaba en pensamientos autocríticos y en una constante preocupación por cómo mi decisión afectaría a los demás. La idea de que al decir «no» podría decepcionarlos o causarles inconvenientes se volvía abrumadora.

La lucha contra esta culpa no fue fácil; requería una reestructuración profunda de mi forma de pensar y de mis creencias fundamentales. Aprender a aceptar que mi bienestar era igualmente importante que las necesidades de los demás fue un proceso gradual. Implicaba reconocer que decir «no» no era un acto de rechazo personal, sino una afirmación de mi derecho a cuidar de mí misma.

Transformando la culpa en autoafirmación: superar la culpa y el temor al rechazo fue un paso crucial en el proceso de establecer límites saludables. Comenzar a ver el acto de decir «no» como una forma de autocuidado y respeto hacia uno mismo transformó la percepción negativa que tenía sobre esta palabra. Entender que mi valor no dependía de mi capacidad para complacer a todos permitió que la culpa se desvaneciera paulatinamente.

Este cambio de perspectiva requirió tiempo, autocompasión y práctica. Aprender a ser asertiva y a comunicar mis límites de manera clara y respetuosa ayudó a fortalecer mi confianza en mí misma. A medida que me volvía más consciente de mis necesidades y prioridades, la culpa se fue reemplazando por un sentido de empoderamiento y autenticidad.

El proceso de reestructuración interna: el proceso de decir «no» y establecer límites saludables implicó una reestructuración interna significativa. Fue necesario cuestionar y desafiar las creencias y expectativas que me habían condicionado durante años. Este proceso de autorreflexión y cuestionamiento ayudó a identificar las razones subyacentes de mi dificultad para decir «no» y a reemplazarlas con una mentalidad más equilibrada y respetuosa hacia mí misma.

Cultivando una nueva mentalidad: a medida que continuaba practicando el establecimiento de límites y diciendo «no», cultivaba una mentalidad de autorrespeto y autocuidado. Reconocía que el equilibrio entre cuidar de los demás y cuidar de mí misma no solo era posible, sino esencial para mi bienestar general. Esta nueva mentalidad me permitió vivir de manera más auténtica y alineada con mis valores y necesidades.

Establecer límites ha sido crucial para mi salud mental. He podido dedicar más tiempo a actividades que me traen alegría y satisfacción, como la meditación, la lectura, iniciar una nueva carrera universitaria, escribir, pasar tiempo de calidad con mi círculo más cercano, viajar, ir a conciertos, bailar y aprender natación, etc.

Establecer límites saludables ha sido una de las lecciones más valiosas en mi camino hacia la sanación. Ha sido un proceso de autodescubrimiento y fortalecimiento personal, permitiéndome vivir una vida que refleje mis verdaderos valores y necesidades. Los límites no solo me han permitido cuidar mejor de mí misma, sino que también han mejorado la calidad de mis relaciones y mi bienestar general.

Conforme avanzaba en mi proceso de sanación, comencé a redescubrir mis pasiones y aspiraciones. Me permití explorar actividades y *hobbies* que había dejado de lado por años. Empecé a escribir, a escuchar música y a viajar, actividades que me llenaban de alegría y me conectaban con mi auténtico yo.

Incorporé prácticas espirituales y holísticas como el Reiki y la meditación en mi rutina diaria. Estas prácticas no solo me ayudaron a equilibrar mi energía, sino que también me proporcionaron un espacio para la reflexión y el autoconocimiento.

Con el tiempo, mi perspectiva sobre la vida cambió drásticamente. Empecé a priorizar mi bienestar y a valorar mis propios sueños y metas. Este cambio de perspectiva me permitió liberarme de la necesidad constante de aprobación externa y enfocarme en mi propia felicidad.

La sanación también tuvo un impacto significativo en mis relaciones. Aprendí a rodearme de personas que me apoyaban y respetaban mis límites. Las relaciones basadas en la autenticidad y el respeto mutuo se volvieron fundamentales para mí.

Hoy en día, vivo de manera más auténtica y plena. He aprendido a escuchar mi intuición y a seguir mi propio camino, sin dejarme llevar por las expectativas de los demás. Me siento más libre y empoderada, consciente de que tengo el control de mi vida y de que merezco vivirla en plenitud.

Rompiendo patrones y viviendo desde el amor

En mi proceso de sanación, he tenido el privilegio de encontrar en mi vida a personas que han jugado un papel crucial en mi viaje hacia la transformación. Estas personas han llegado en el momento justo, como maestros que vienen a mostrarme que sí es posible romper los patrones heredados y vivir una vida plena y auténtica. Me di cuenta de que los tabúes y las creencias limitantes con los que crecí estaban profundamente arraigados en mi familia.

Sin embargo, al recordar las lecciones de mis abuelas, comprendí que su amor y su vida estaban llenos de enseñanzas que podían ayudarme a romper con estos patrones. Ellas me mostraron que vivir desde la autenticidad y el amor no solo es posible, sino que es un acto de valentía y libertad.

Cada día, enfrento pruebas que ponen a prueba lo que soy y lo que he aprendido. Sin embargo, en lugar de sentirme abrumada por estos desafíos, los abrazo como oportunidades para reafirmar mi compromiso con el amor y el crecimiento personal. Las enseñanzas y el amor de mis abuelas me han dado el coraje para desafiar los límites que una vez parecían inquebrantables.

Gracias a ellas, he aprendido a ver cada desafío como una oportunidad para seguir rompiendo patrones y construyendo una vida que refleje mi verdadero ser. La presencia de mis abuelas en mi vida, tanto en sus recuerdos como en la influencia de su legado, ha sido un faro de luz que me guía en este camino de sanación. Ellas me han mostrado que, a pesar de los obstáculos, siempre es posible seguir adelante con amor y gratitud.

Desde que comencé a sanar, me di cuenta de que el camino hacia el cambio no está exento de desafíos. Sin embargo, las personas que han cruzado mi camino me han enseñado que vivir desde el amor y el disfrute no significa hacer daño ni traicionar mi esencia. En lugar de ello, me han mostrado que es posible abrazar mi verdadera naturaleza, disfrutar de la vida y construir relaciones basadas en la comprensión y el respeto mutuo.

Uno de los mayores regalos que he recibido de estas personas es la reafirmación de que puedo vivir de manera diferente a como lo hicieron mis ancestros. Los tabúes y las creencias limitantes con los que crecí comenzaron a derribarse a medida que estas almas generosas me guiaban hacia nuevas perspectivas. Me enseñaron que los límites que una vez parecían inquebrantables pueden ser desafiados y transformados.

Cada día, continúo enfrentando pruebas que ponen a prueba lo que soy y lo que he aprendido. Sin embargo, en lugar de sentirme abrumada por estos desafíos, los abrazo como oportunidades para reafirmar mi compromiso con el amor y el crecimiento personal. Estas personas me han mostrado que mi capacidad para cambiar y evolucionar es infinita, y que vivir desde un lugar de autenticidad y amor es una opción válida y poderosa.

A través de sus acciones y palabras, me han ayudado a entender que la sanación no es un destino final, sino un viaje continuo. Gracias a ellos, he aprendido a celebrar cada pequeño avance y a ver cada desafío como una oportunidad para seguir rompiendo patrones y construyendo una vida que refleje mi verdadero ser.

Reflexión del capítulo

Sanar a Hilcarmen adulta fue un viaje profundo y transformador. No fue un destino, sino un proceso continuo de crecimiento y autodescubrimiento. Cada paso en este camino me acercó más a la persona que soy hoy, una persona que se ha reconciliado con su pasado, ha aprendido a amar y respetar su presente, y está abierta a las posibilidades del futuro.

Sanar e integrar todas las partes de uno mismo es un acto de amor profundo. Este proceso me ha permitido encontrar una nueva fuerza y claridad en mi vida adulta. Al integrar a mi niña interior y mi adolescente, he descubierto un equilibrio y una paz que antes me parecían inalcanzables.

Espero que mi historia inspire a otros a creer en la posibilidad de una vida plena y armoniosa, y a emprender su propio viaje de sanación con paciencia y compasión, recordando siempre que es posible abrir nuestras alas y volar.

Capítulo 6

Dando lugar a mi hijo no nacido

Cada sesión de terapia me acercaba más a la raíz de mis dolores y a las partes de mi vida que necesitaban ser sanadas. Después de trabajar en mi concepción, mis ancestros, mi niña interior, mi adolescente y mi adulta, me di cuenta de que aún había una herida profunda que debía enfrentar: la pérdida de mi hijo no nacido.

El proceso de sanación a menudo nos lleva a confrontar y reconciliarnos con los aspectos más profundos y dolorosos de nuestras vidas. Para mí, uno de esos aspectos fue el duelo por mi hijo no nacido, una pérdida que llevaba atada a mi corazón y que me impedía avanzar. En este capítulo, quiero dar lugar a esa experiencia, explorar el dolor que habitaba en mí y compartir cómo encontrar la paz me permitió seguir adelante.

La experiencia de perder a un hijo antes de su nacimiento es devastadora, una de las más desgarradoras que una persona puede enfrentar. Es un dolor que se siente en lo más profundo del alma, una herida que, aunque no siempre es visible, permanece abierta y late en cada rincón del corazón. Durante mucho tiempo, llevé conmigo el dolor de la pérdida de mi hijo no nacido, un dolor que no solo me ataba al pasado, sino que me impedía avanzar plenamente en mi proceso de sanación. Aunque no pude sostenerlo en mis brazos, su ausencia fue una presencia constante, un vacío que me acompañaba día a día.

Durante mucho tiempo, guardé ese dolor en lo más profundo de mi ser, sin permitir que saliera a la superficie.

Este dolor no solo afecta emocionalmente, sino que también puede influir en cada aspecto de la vida. La ausencia de un hijo deseado crea un vacío inmenso y una sensación de desolación difícil de describir. Este vacío puede sentirse como una parte de uno mismo que falta, una herida abierta que nunca parece sanar.

Por mucho tiempo, no supe cómo procesar este duelo. A veces me aferraba al dolor, sintiendo que era la única manera de mantener vivo su recuerdo. Otras veces trataba de enterrarlo en lo más profundo, negándome a sentir para evitar enfrentar esa tristeza tan desgarradora. Sin embargo, aprendí que negar el dolor solo lo prolonga, y que la única manera de sanar verdaderamente es darle a ese dolor un lugar, un reconocimiento.

La culpa puede ser una carga paralizante que impide encontrar consuelo y avanzar en el proceso de sanación.

Mantenerse atado a la pérdida de un hijo no nacido puede ser una respuesta natural al dolor, pero también puede convertirse en un obstáculo significativo para el crecimiento y la sanación.

El miedo a olvidar a mi hijo me llevó a aferrarme a su memoria de manera casi obsesiva. Sentía que soltar el dolor significaría traicionarlo o minimizar su existencia. Este miedo a olvidar puede hacer que uno se aferre a la tristeza y al dolor como una forma de mantener viva la conexión con el hijo perdido.

El dolor y la tristeza no resueltos pueden convertirse en un ancla que nos mantiene atrapados en el pasado, impidiendo que vivamos plenamente en el presente. Este estado de estancamiento emocional puede afectar las relaciones, el bienestar mental y la capacidad de disfrutar la vida.

Reconocer la existencia de mi hijo en este proceso fue un paso crucial. No fue fácil aceptar que, aunque no llegó a este mundo físicamente, su breve paso por mi vida dejó una huella indeleble. Mi hijo tenía un lugar, no solo en mi corazón, sino en mi camino de sanación. Aceptar esto me permitió comenzar a sanar de una manera que no creía posible. Al darle su lugar, comprendí que su presencia, aunque efímera, fue parte de mi transformación.

A través de mi proceso, entendí que el duelo por mi hijo no es algo que desaparece, sino algo con lo que he aprendido a vivir. En lugar de verlo como una carga, decidí honrar su memoria como una fuente de fortaleza. Su pérdida me enseñó lecciones de amor, de soltar y de valorar la vida de una manera que antes no entendía. Mi hijo no nacido es parte de mi historia, y siempre lo será, porque su existencia, aunque corta, me transformó de maneras profundas.

Darle un lugar a mi hijo en mi proceso de sanación fue también darle un lugar en mi corazón, en mis pensamientos y en mi vida. No se trata de aferrarme al dolor, sino de aceptar que su presencia, aunque breve, fue significativa. Aprendí a llevarlo conmigo de una manera diferente, no desde la tristeza y el sufrimiento, sino desde el amor. Porque el amor que siento por él nunca desaparecerá, y eso es lo que me sostiene.

En cada etapa de mi sanación, lo siento a mi lado. Aunque nunca pude verlo crecer, siento que me acompaña en cada paso que doy hacia mi propia evolución. Me di cuenta de que no estaba sola en este camino; él también estaba conmigo, de una manera diferente, pero presente en mi corazón. Este reconocimiento no solo me liberó de un peso emocional, sino que me permitió avanzar con más claridad y paz.

El acto de darle un lugar a mi hijo también me permitió liberarme de la culpa, de la tristeza inconsolable que a veces me envolvía. **No fue mi culpa** que su vida no pudiera continuar, y no fue en vano su paso por mi vida. Su presencia me enseñó el poder del amor incondicional, ese amor que no necesita tiempo ni espacio para existir, sino que simplemente es. Aceptar esto fue liberador.

Es común experimentar sentimientos de culpa y autorreproche. Preguntas como «¿Hice algo mal?» o «¿Podría haber hecho algo diferente?» pueden atormentar la mente y el corazón.

La culpa puede ser una carga paralizante, que impide encontrar consuelo y avanzar en el proceso de sanación. Mantenerse atado a la pérdida de un hijo no nacido puede ser una respuesta natural al dolor, pero también puede convertirse en un obstáculo significativo para el crecimiento y la sanación.

El miedo a olvidar a mi hijo me llevó a aferrarme a su memoria de manera casi obsesiva. Sentía que soltar el dolor significaría traicionarlo o minimizar su existencia. Este miedo a olvidar puede hacer que uno se aferre a la tristeza y al dolor como una forma de mantener viva la conexión con el hijo perdido.

El dolor y la tristeza no resueltos pueden convertirse en un ancla que nos mantiene atrapados en el pasado, impidiendo que vivamos plenamente en el presente. Este estado de estancamiento emocional puede afectar las relaciones, el bienestar mental y la capacidad de disfrutar la vida.

El reconocimiento

Junio es un mes de alegrías, ya que es el cumpleaños de mi papá y mi hermana, pero también era un mes de tristeza y mucho dolor para mí.

Recuerdo que comencé a sentir una presión en el pecho y un deje de angustia. Inmediatamente reconocí el miedo, el dolor y la tristeza. Las lágrimas comenzaron a brotar de mis ojos y, en un instante, recordé qué día era: un 24 de junio. Ya conociendo algunas herramientas de autoayuda, comencé a calmarme; sin embargo, la pena era grande. Sin esperar más, le escribí a Mariales y le conté lo que me ocurría. Le dije: «Hoy es el aniversario de muerte de mi hijo y es como si reviviera todo». Aquí sentí que retrocedí 2000 pasos. El sentimiento de pérdida era tan abrumador que no pude controlar mi sentir.

Ese sábado, en mi sesión, Mariales me animó a enfrentar este dolor y darle un lugar en mi corazón. Me di cuenta de que necesitaba reconocer y honrar a ese pequeño ser que, aunque no llegó a este mundo, había dejado una marca indeleble en mi vida.

A través de la visualización guiada, imaginé a mi hijo no nacido en un lugar lleno de luz y amor. Le hablé, le pedí perdón por no haber podido protegerlo y le dije cuánto lo amaba. Fue un momento profundamente emotivo, pero necesario para mi sanación. Al darle un lugar en mi corazón, pude liberar parte del dolor y comenzar a sanar esa herida.

Reconocer y validar el dolor que se siente es el primer paso hacia la sanación. Es fundamental permitirnos sentir y expresar nuestras emociones, sin juzgarlas ni reprimirlas.

Llorar y expresar el dolor es una parte crucial del proceso de duelo. Las lágrimas no solo liberan la tristeza acumulada, sino que también permiten que el dolor se procese de manera más saludable.

Aceptar y permitirnos llorar por nuestro hijo no nacido es una forma de honrar su memoria y reconocer la profundidad de nuestra pérdida.

Hablar y compartir sobre la pérdida con amigos, familiares o un terapeuta puede ser una manera poderosa de liberar el dolor y encontrar apoyo.

Compartir nuestra historia y nuestras emociones nos ayuda a sentirnos comprendidos y menos solos en nuestro duelo.

En medio del dolor por la pérdida de mi hijo no nacido, me enfrenté a una realidad profunda y reveladora. El dolor que sentía era tan intenso que, a menudo, me llevó a buscar culpables, y el padre de mi hijo se convirtió en uno de esos blancos de mi dolor. La tristeza y el resentimiento se entrelazaron, y culparlo me ofrecía una forma de lidiar con la incomprensión y el vacío que sentía.

Sin embargo, al comenzar a darle un lugar en mi corazón a mi hijo, me di cuenta de que necesitaba también sanar otras partes de mi vida, incluida la relación con su padre. Al enfrentar el dolor de mi pérdida, empecé a comprender que el rencor solo alimentaba mi sufrimiento y no ayudaba a sanar la herida abierta en mi corazón.

Fue un proceso doloroso, pero a medida que trabajaba en mi sanación, me di cuenta de que, para encontrar paz y avanzar, necesitaba perdonar. Este perdón no significaba olvidar o minimizar lo que había pasado, sino liberar mi corazón del peso del resentimiento. Reconocí que culpar a su padre solo me mantenía atrapada en el dolor y la angustia, impidiéndome encontrar la paz.

Al darle un lugar a mi hijo en un espacio lleno de luz y amor, también encontré el coraje para dejar atrás la culpa y el resentimiento. Entendí que el perdón es un regalo que me hago a mí misma, una manera de liberar mi corazón y permitir que el amor y la compasión fluyan nuevamente. Al perdonar a su padre, no solo sané una parte de mi dolor, sino que también abrí el camino para una paz más profunda y un crecimiento emocional genuino.

Este proceso de perdón fue tan necesario como el proceso de honrar y recordar a mi hijo. Fue un paso fundamental para dejar atrás el sufrimiento y comenzar a sanar de una manera completa, permitiéndome avanzar con un corazón más ligero y un espíritu más en paz.

Hoy, recordar a mi hijo no es solo una fuente de tristeza, sino también de paz y consuelo. Con el tiempo y el proceso de sanación, he aprendido a ver su memoria a través de un lente diferente, uno que me permite sentir una conexión serena y amorosa en lugar de un dolor constante.

Cada vez que pienso en él, no me inunda el sufrimiento como antes. En lugar de sentir un vacío o un dolor abrumador, siento una profunda paz que proviene de saber que su existencia, aunque breve, tuvo un impacto significativo en mi vida. Esta paz es el resultado de haberle dado un lugar especial en mi corazón, un lugar lleno de amor y gratitud por el tiempo que compartimos, aunque haya sido breve.

He aprendido a recordar los momentos que imaginé con él con una sonrisa en lugar de lágrimas, a apreciar los sueños y esperanzas que tenía para él con un sentimiento de gratitud, no de pena. Cada recuerdo se convierte en un faro de luz que ilumina mi camino, recordándome que su presencia sigue siendo una parte importante de mi vida, pero desde un lugar de calma y aceptación.

Este cambio en la forma en que recuerdo a mi hijo refleja el profundo proceso de sanación que he atravesado. Ahora, cuando pienso en él, no solo celebro su memoria, sino que también encuentro serenidad en el hecho de que su existencia dejó una huella positiva en mi vida. La paz que siento al recordar a mi hijo es un testimonio de la capacidad del corazón humano para sanar, aceptar y encontrar luz incluso en los momentos de más profunda tristeza.

Ahora, cada vez que miro hacia adelante, lo hago sabiendo que su espíritu me acompaña, que él es una parte fundamental de mi viaje. Su pérdida no define mi vida, pero su recuerdo sí ha moldeado la persona que soy hoy. El proceso de darle un lugar a mi hijo en mi sanación fue también darle un lugar en mi corazón para siempre, y en ese acto, encontré paz.

Hoy, lo llevo conmigo no como una herida abierta, sino como una fuente de amor y fortaleza. A través de este proceso, aprendí que el duelo no es algo que se supera, sino algo que se transforma. Aprendí que soltar no significa olvidar, sino honrar lo que fue y permitir que el amor siga creciendo en nuevas formas.

Mi hijo no nacido es, y siempre será, una parte fundamental de mi historia. Su paso por mi vida fue breve, pero su impacto ha sido eterno. Y en ese amor, en ese lugar que ahora ocupa en mi sanación, encuentro la fuerza para seguir adelante, para vivir plenamente y para permitir que la vida siga su curso, sabiendo que siempre estará conmigo.

Emiliano José, hijo de mi vida, gracias por venir a enseñarme tanto en tan poco tiempo. Te amaré por siempre.

Carta que le escribí:

Carta para Emiliano Jose

Querido hijo, desde lo más profundo de mi ser, te agradezco. Aunque físicamente no estés aquí siempre has sido parte de mí. En mi Corazón, siempre has tenido un lugar especial, y lo seguirás teniendo. Durante mucho tiempo, llevé el dolor de no poder tenerte a mi lado, pero hoy quiero agradecerte por todo lo que me has enseñado.

Me has mostrado el amor más puro, el amor incondicional de una madre hacia su hijo. Gracias por enseñarme a soltar y a aceptar lo que no puedo cambiar. Aunque no pude verte crecer, has estado presente en cada paso de mi vida, guiándome y recordándome la importancia de avanzar con amor y gratitud.

Hoy, te libero con amor, te dejo volar libremente sabiendo que siempre estarás conmigo, en mi Corazón. Gracias por estar conmigo en espíritu y por ayudarme a seguir sanando.

Te amo por siempre.

Tú Mamá.

Reflexión del capítulo

Dar lugar a mi hijo no nacido fue uno de los actos más sanadores de mi vida. Durante mucho tiempo, llevé su ausencia como un peso en mi corazón, aferrándome a lo que pudo haber sido. Sin embargo, al reconocer su existencia y honrar su presencia en mi vida, comprendí que él siempre había estado conmigo, no como una sombra de dolor, sino como una fuente de amor y transformación.

Liberarlo no fue olvidarlo, sino permitir que su espíritu volara libre, sabiendo que su energía sigue viva en mí. Hoy, en paz, le doy el lugar que merece, con amor y gratitud por todo lo que me enseñó.

Capítulo 7

Soltando el amor, perdonando y sanando

Durante muchos años, me mantuve atada a un amor que, a pesar de mi profunda fidelidad y respeto, nunca pudo concretarse. Mi corazón albergaba una esperanza que, en retrospectiva, era ilusoria. A pesar de que la otra persona ya había construido una vida con su propia familia, yo seguía aferrándome a un sueño que no tenía futuro. Mi amor y lealtad eran inquebrantables, pero estaban dirigidos hacia un camino que no conducía a ninguna parte.

Apreciar lo que este amor significó para nosotros nos ayuda a entender por qué es tan difícil dejarlo ir, pero también nos prepara para soltarlo de manera consciente.

Soltar el amor, perdonar y sanar son procesos intrínsecamente conectados en nuestro viaje hacia la recuperación emocional y la paz interior.

Este apego a un amor no correspondido no solo me mantenía anclada en un pasado que no podía cambiar, sino que también me impedía avanzar hacia nuevas oportunidades en la vida. Cada día que pasaba esperando una posibilidad que nunca llegaría, estaba privando a mi corazón de la libertad y el espacio necesario para abrirse a nuevas experiencias y relaciones.

El costo emocional de mantener esta esperanza era alto: sentía una mezcla de tristeza y frustración que limitaba mi capacidad para disfrutar de la vida y de las oportunidades que me ofrecía.

Al aferrarme a un amor que nunca se materializaría, estaba esencialmente cerrando las puertas a nuevas experiencias y relaciones. Cada vez que una oportunidad se presentaba, ya sea en el ámbito personal, profesional o social, mi corazón estaba demasiado ocupado con el pasado para aprovecharlas. Esta negación de oportunidades no solo limitaba mi crecimiento, sino que también mantenía mi vida estancada, lejos de la plenitud y la felicidad que podría haber alcanzado si hubiera soltado este amor.

El primer paso en este proceso es aceptar la situación tal como es. Mirar la realidad de frente, aunque sea doloroso, es crucial para nuestra sanación. Aceptar que la relación no puede continuar por razones que pueden ser variadas —incompatibilidad, falta de reciprocidad o simplemente diferentes caminos de vida— es un acto de valentía. Es importante reflexionar sobre cómo esta relación, en su estado actual, afecta tu bienestar y crecimiento personal. Este es el momento de hacer una autoevaluación emocional honesta y reconocer el impacto que tiene en tu vida.

El primer paso para soltar este amor era enfrentar la realidad de que mi fidelidad y respeto no estaban siendo correspondidos de la manera que yo deseaba. Aceptar que la otra persona había tomado un camino diferente, con su propia familia y vida, me ayudó a entender que aferrarme a un amor así solo estaba prolongando mi sufrimiento.

La libertad de soltar el amor no significa olvidar o minimizar lo que significó para nosotros. Es una forma de liberar el apego que nos mantiene atados a un pasado que ya no podemos cambiar.

Soltar a alguien que amamos es una de las cosas más difíciles que podemos hacer. Sin embargo, es necesario para nuestro crecimiento y felicidad. Al aferrarnos a una relación no saludable, impedimos que nuevas experiencias y oportunidades lleguen a nuestras vidas. Liberarnos de este apego nos permite abrir espacio para crecer, aprender y, eventualmente, encontrar un amor que nos complemente y nos haga felices. El peso del apego puede ser una carga emocional que nos mantiene estancados, incapaces de avanzar hacia nuevas posibilidades.

Proceso de soltar

Soltar a alguien que amas puede ser una de las experiencias más dolorosas y transformadoras. Es una lucha interna entre el deseo de aferrarte a los momentos compartidos y la certeza de que, para seguir adelante, debes liberarte de esa ancla emocional. Aceptar que una relación ha llegado a su fin es un acto de valentía, ya que implica enfrentar el vacío que deja la despedida, el miedo a la soledad y la incertidumbre de lo que viene.

Al principio, soltar parece imposible. Nos aferramos a los recuerdos, a las promesas no cumplidas y a la ilusión de lo que podría haber sido. Creemos que, si amamos lo suficiente o si cambiamos algo en nosotros mismos, tal vez podremos salvar lo que se ha roto. Sin embargo, en ese proceso, muchas veces nos perdemos, nos alejamos de nuestra esencia y olvidamos que, por más que queramos, no podemos forzar a alguien a quedarse ni obligar a una relación a florecer cuando ya ha marchitado.

Soltar un amor no significa que los sentimientos desaparezcan de inmediato. Tampoco implica olvidar lo vivido o negar el impacto que esa persona ha tenido en nuestra vida. Soltar es un acto de amor propio, un reconocimiento de que merecemos seguir creciendo, avanzar y permitirnos vivir nuevas experiencias. Es entender que, aunque ese amor fue importante, no define todo lo que somos.

A veces, soltar no es un proceso inmediato; es un camino que recorremos paso a paso. Requiere tiempo, paciencia y compasión hacia nosotros mismos. En esos momentos de duelo, es normal sentir tristeza, nostalgia o incluso rabia. Son emociones válidas, y permitirnos sentirlas es parte del proceso de sanación. Sin embargo, también es crucial recordar que, al dejar ir, estamos abriendo espacio para algo más grande, algo que quizás aún no podemos imaginar.

Soltar no significa rendirse. Es un acto de valentía. Nos permite cerrar ciclos y dar la bienvenida a nuevas oportunidades, a relaciones más sanas, a experiencias que reflejen quiénes somos hoy. Porque cuando nos aferramos al pasado, nos detenemos. No permitimos que el amor verdadero, el que nos nutre y nos impulsa a ser mejores, llegue a nuestras vidas.

Cada despedida tiene su lección. Aprender a soltar un amor es aprender a valorarnos, a entender que el amor no es control ni dependencia, sino libertad. Libertad para ser, para crecer y, sobre todo, para permitirnos encontrar un amor que llegue a nosotros de manera natural, sin forzar, sin sufrimiento.

Este es el momento de dejar ir con gratitud, entendiendo que todo lo vivido forma parte de nuestro viaje, pero que ya no define nuestro futuro. Al soltar, nos damos el permiso de ser amados nuevamente, quizás de una manera que nunca habríamos imaginado, pero que nos permitirá ser nuestra mejor versión.

El proceso de soltar es gradual y requiere paciencia. Desapegarse emocionalmente es una práctica que se puede cultivar a través de diversas técnicas y ejercicios. La meditación, por ejemplo, puede ayudar a calmar la mente y reducir la ansiedad que viene con la separación. La escritura terapéutica, como escribir una carta a la persona que necesitas soltar, puede ser un medio poderoso para expresar tus emociones y comenzar el proceso de desapego. No tienes que enviar esta carta; el simple acto de escribirla puede ser liberador, yo escribí muchas cartas.

Crear una nueva rutina de sanación también es fundamental. Establece nuevos hábitos que te ayuden a enfocarte en tu bienestar personal. Esto puede incluir actividades que disfrutes, metas personales y tiempo dedicado a ti mismo. Poco a poco, estas nuevas rutinas te ayudarán a sanar y a encontrar tu equilibrio nuevamente.

La dificultad de soltar a menudo radica en el miedo a perder una parte de nosotros mismos o a enfrentar la incertidumbre del futuro sin esa conexión.

Soltar este amor implicaba dejar atrás la esperanza irrealizable y darme el permiso para buscar nuevas oportunidades. Al reconocer que mi apego estaba impidiendo mi crecimiento y bienestar, pude comenzar a liberar el peso emocional que llevaba. Esta liberación no fue fácil, pero fue esencial para permitir que mi corazón se abriera a nuevas posibilidades y para encontrar la paz interior.

El permiso de amar nuevamente

Después de soltar un amor, puede parecer difícil imaginar que algún día estaremos listos para abrir nuestro corazón otra vez. Las cicatrices de lo vivido, las lecciones duramente aprendidas y el miedo a revivir el dolor nos frenan. Pero permitirnos amar nuevamente es una de las formas más hermosas de sanación. Es el acto final de soltar verdaderamente, de liberarnos del pasado y abrir nuestro ser a lo nuevo, con la sabiduría adquirida y el corazón dispuesto a sentir otra vez.

Dar el permiso de amar nuevamente no es un acto impulsivo ni inmediato. No se trata de llenar vacíos ni de escapar de la soledad. Es un proceso consciente que comienza desde adentro, con la decisión de sanar nuestras heridas y de reencontrarnos con nuestra esencia. El primer paso para amar a alguien más es, sin duda, el amor propio. Es aprender a amarnos profundamente, a valorarnos, a entender que merecemos un amor que sea recíproco, nutritivo y auténtico.

A menudo, después de una ruptura, nos enfrentamos a nuestras propias inseguridades y dudas. Nos preguntamos si somos dignos de recibir amor, si estamos condenados a repetir patrones pasados o si el amor verdadero está reservado para otros. Es en estos momentos cuando debemos recordar que el amor no es algo que se busca desesperadamente, sino algo que llega cuando estamos en paz con nosotros mismos.

Permitirnos amar nuevamente implica confiar, no solo en la otra persona, sino en nuestro propio proceso de sanación. Significa aceptar que hemos crecido, que somos capaces de reconocer lo que necesitamos y merecemos en una relación. Ya no buscamos desde la carencia, sino desde la plenitud. Ya no amamos por miedo a la soledad, sino porque estamos listos para compartir nuestra vida desde un lugar de equilibrio y amor propio.

Amar nuevamente también implica vulnerabilidad. Abrir el corazón después de haber sido herido es un acto de coraje, de fe en que esta vez puede ser diferente. Sin embargo, la vulnerabilidad no es sinónimo de debilidad, sino de fortaleza. Al permitirnos ser vulnerables, mostramos nuestra capacidad para sentir, para conectarnos con otro ser desde la autenticidad y la verdad.

Es importante recordar que cada relación es una experiencia única y que el pasado no tiene por qué dictar el futuro. Las heridas del amor anterior no deben convertirse en barreras para amar de nuevo, sino en recordatorios de nuestra capacidad para crecer, aprender y seguir adelante. El hecho de que una relación haya terminado no significa que el amor ya no tenga lugar en nuestra vida. Al contrario, nos prepara para recibir un amor más profundo, más alineado con lo que somos ahora.

Al abrirnos al amor nuevamente, estamos reconociendo que merecemos ser felices, que merecemos una relación donde seamos valorados por lo que realmente somos. Estamos eligiendo la posibilidad de ser amados de una manera más consciente, con una conexión más profunda y auténtica. Este es el verdadero regalo de soltar: no solo liberarnos de lo que nos lastimó, sino darnos el permiso de recibir algo mejor, algo que resuene con nuestra nueva versión.

Al final del día, amar nuevamente no se trata solo de encontrar a alguien más. Se trata de amarnos lo suficiente para no cerrarnos a la posibilidad de un amor sano y verdadero. Se trata de estar dispuestos a seguir construyendo nuestra vida con esperanza, con la certeza de que, aunque el camino haya sido difícil, siempre hay un nuevo amanecer, una nueva oportunidad de abrir nuestro corazón al amor.

Una vez que comenzamos a soltar, es esencial abrir nuestro corazón a la posibilidad de amar nuevamente. Permitirnos sentir y experimentar nuevas emociones. Prepararnos emocionalmente para recibir un nuevo amor implica también construir una autoestima saludable. Aprender a valorarnos y a amarnos a nosotros mismos primero; esto atraerá relaciones saludables y recíprocas. Recuerda que cada final es también un nuevo comienzo, y cada paso que damos hacia nuestra sanación nos acerca a un futuro lleno de posibilidades.

Una vez que comencé a soltar el amor que me mantenía atada, descubrí un espacio en mi vida para el crecimiento personal y nuevas experiencias. Empecé a valorarme más a mí misma y a darme el permiso para explorar oportunidades que antes había ignorado. Este nuevo enfoque en mi vida me permitió sanar y avanzar, dejando atrás el dolor de un amor no correspondido y abriéndome a una vida más plena y enriquecedora.

Perdón y liberación

Parte de soltar el amor incluía perdonar a la persona involucrada, no por él, sino por mí misma. Este perdón me permitió liberarme del rencor y la tristeza que me mantenían anclada en el pasado. Al perdonar, no solo liberé a la otra persona de cualquier culpa que pudiera sentir, sino que también me liberé a mí misma del peso emocional que llevaba.

La sanación vino con la aceptación de que el amor que había mantenido mi corazón cautivo ya no era el camino hacia la felicidad. Al abrirme a nuevas oportunidades y experiencias, comencé a sanar las heridas del pasado y a construir una vida más rica y significativa.

Métodos que me ayudaron para soltar

Reflexión y aceptación: es tomarse el tiempo para reflexionar sobre la relación o el amor que estamos soltando y aceptar que, aunque haya sido significativo, su tiempo ha llegado a su fin.

Rituales de despedida: crear rituales simbólicos me ayudó a cerrar este capítulo. Escribir cartas donde plasmaba mis sentimientos y recuerdos, hacer ceremonias íntimas donde me permitía soltar y dejar ir, o simplemente decir adiós en un espacio privado fueron actos que me dieron la fortaleza para avanzar. Aunque en el fondo no quería perder a esa persona que fue tan importante en mi vida, comprendí que era necesario seguir adelante. Con el tiempo, aprendí que es posible reconstruir una relación de amistad sana, una que no implique los sentimientos de pareja que una vez compartimos. Este proceso requiere respeto mutuo por los nuevos espacios y vidas que cada uno ha creado. Dejar ir no significa olvidar, sino aceptar y permitirnos crecer y evolucionar en nuestras respectivas trayectorias.

Entendiendo el perdón: el perdón es una liberación personal más que una absolución del comportamiento del otro. Nos permite soltar el resentimiento y la ira que, a largo plazo, solo nos perjudican a nosotros mismos. Es importante realizar un proceso consciente de perdón, que puede incluir escribir cartas, hablar con la persona involucrada o trabajar en nuestra propia reflexión interna.

Perdonar no implica olvidar lo que sucedió, sino que significa elegir liberar el peso emocional que hemos estado cargando.

Identificar el dolor: reconocer el dolor que sentimos y su conexión con la necesidad de perdonar a esa persona que amamos resulta profundamente liberador y sanador. Es aceptar la imperfección, comprender que todos cometemos errores, y que, al perdonar, no solo liberamos al otro, sino que también nos liberamos a nosotros mismos.

Aceptar la responsabilidad: es reconocer y aceptar nuestra parte en los eventos que nos causaron dolor.

Practicar la autocompasión y cuidar de nosotros mismos durante el proceso de perdón.

La integración del dolor: sanar implica integrar el dolor en nuestras vidas de una manera que nos permita avanzar sin que este nos defina. Es reconocer que el dolor ha sido parte de nuestra historia, pero no de nuestro destino. Aceptarlo como parte de la experiencia y luego liberarlo es fundamental para evitar que continúe afectando nuestro bienestar.

Soltar el amor, perdonar y sanar son pasos esenciales en el camino hacia la recuperación emocional y la paz interior. Al permitirnos dejar atrás lo que ya no nos sirve, perdonar a quienes nos han herido y sanar las heridas del pasado, creamos espacio para nuevas oportunidades y una vida más plena. Este proceso no es lineal ni sencillo, pero es necesario para vivir con autenticidad y plenitud.

Te dejo algunos ejercicios que me ayudaron durante este proceso de desapego emocional:

- **Paso 1**: escribe una carta a la persona que necesitas soltar, expresando todo lo que sientes, pero sin la intención de enviarla.
- **Paso 2**: realiza un ritual de despedida simbólico, como quemar la carta o guardarla en un lugar especial como cierre.
- **Paso 3**: crea una lista de actividades y metas personales que te ayuden a enfocarte en tu crecimiento y felicidad.

Carta de ejemplo:

Querid@ [Nombre],

Hoy he decidido escribirte para expresar todo lo que siento y poder soltar aquello que me ha tenido anclad@. Aunque he querido aferrarme a nuestra relación, reconozco que seguir así nos hace daño a ambos. Te amo y siempre te llevaré en mi corazón, pero entiendo que no podemos seguir juntos.

Es hora de liberarnos mutuamente para que ambos podamos encontrar la paz y el amor que merecemos. Te deseo lo mejor en tu camino y agradezco todos los momentos que compartimos.

Reflexión del capítulo

Soltar un amor que no puede ser es un acto de amor propio y valentía. Al liberarse de esa ancla, se abre la puerta a nuevas oportunidades y a la posibilidad de encontrar un amor que complemente y promueva el crecimiento personal. Es una invitación a reflexionar sobre el propio camino y a considerar lo que es necesario soltar para avanzar. Escriba una carta a esa persona, despídase simbólicamente y enfoque su energía en crear una vida llena de amor y felicidad para sí mismo.

Recuerda siempre que soltar no es el final, sino el comienzo de algo nuevo y hermoso. Permítete sanar, crecer y recibir el amor que mereces.

Capítulo 8

El arte de Reiki y angelología: camino hacia la armonía y la sanación

El camino hacia la sanación ha sido, para mí, una travesía llena de descubrimientos profundos, y Reiki y la angelología han sido dos de los tesoros más valiosos que he encontrado en este viaje. Al descubrir estas prácticas, sentí como si una parte dormida de mí despertara, como si algo que siempre había estado latente, esperando ser revelado, finalmente saliera a la luz.

Desde el primer momento, el Reiki resonó profundamente en mi ser. No fue solo una técnica de sanación, sino una conexión con una energía universal que, aunque intangible, es poderosa y transformadora. A medida que avanzaba en mi formación, sentí que cada nivel de Reiki me llevaba más allá de lo físico, abriendo puertas a dimensiones de mí misma que desconocía. Esta práctica no solo me brindó bienestar físico, sino que también me conectó con una paz interior que no había experimentado antes, una claridad que iluminaba incluso los rincones más oscuros de mi alma.

En este capítulo, exploraremos el fascinante mundo del Reiki y la angelología como herramientas poderosas en mi búsqueda personal de armonía y sanación. Estos caminos de luz no solo han transformado mi propia vida, sino que también me han capacitado para ayudar a otros en su viaje hacia el bienestar emocional y espiritual.

Una noche, durante una meditación, tuve una revelación. Sentí la presencia de un ángel que me habló con una voz suave y amorosa. Me dijo que mi misión de vida era ayudar a otros a encontrar su propio camino hacia la sanación y el bienestar.

Comprendí que todo lo que había vivido, mis sufrimientos y mis aprendizajes, me habían preparado para este propósito.

Decidí seguir esta llamada y comencé a formarme como terapeuta de Reiki y guía espiritual. A través de estas disciplinas, descubrí una pasión y una vocación que nunca había sentido. Ayudar a otros a sanar y encontrar su camino se convirtió en mi misión de vida.

Fue entonces cuando comencé a recibir terapias de Reiki y conectar con los ángeles. El Reiki, una práctica de sanación energética, me enseñó a canalizar la energía universal para sanar mi cuerpo, mente y espíritu. A través de la práctica del Reiki, aprendí a equilibrar mis *chakras* y a liberar las energías bloqueadas que contribuían a mi malestar.

Descubriendo Reiki y angelología

Reiki: la palabra sanscrita, de origen japonés (霊気), se compone de dos kanjis: *Rei*, que significa 'energía universal' o 'espiritual', y *Ki*, que significa 'energía vital' o 'fuerza de vida'. Por lo tanto, Reiki se puede traducir como «energía espiritual» o «energía vital universal».

Comencé mi viaje aprendiendo sobre Reiki, un sistema de sanación energética que utiliza la imposición de manos para canalizar energía universal hacia el cuerpo, promoviendo la sanación física, mental y emocional. A través de la práctica del Reiki, he experimentado cómo esta energía restauradora puede aliviar el estrés, reducir el dolor y restaurar el equilibrio interior.

El Reiki es un sistema de sanación energética que utiliza la imposición de manos para canalizar energía universal hacia el cuerpo, promoviendo la sanación física, mental, emocional y espiritual.

Energía universal: existe una energía vital universal que fluye a través de todos los seres vivos. Esta energía es la base de la vida y está presente en todo lo que existe.

1. **Sanación por imposición de manos**: en el terapeuta de Reiki canalizamos esta energía universal a través de nuestras manos hacia el cuerpo del receptor. La energía sanadora puede fluir a través del terapeuta hacia el paciente, ayudando a equilibrar y sanar sus sistemas energéticos.
2. **Armonización y equilibrio**: el objetivo es restaurar y equilibrar la energía en el cuerpo del receptor. Se cree que el flujo adecuado de energía vital promueve la salud física y emocional, aliviando el estrés y fomentando un estado de bienestar general.

Beneficios de Reiki

- **Reducción del estrés y ansiedad**: ayuda a reducir los niveles de estrés y promover la relajación profunda.
- **Apoyo en la sanación**: se utiliza a menudo como complemento a tratamientos médicos para acelerar la recuperación física y emocional.
- **Bienestar emocional**: puede proporcionar un sentido de paz interior, claridad mental y equilibrio emocional.

El Reiki no solo es una técnica de sanación, sino un camino espiritual que fomenta el crecimiento personal y la conexión con la energía universal.

El beneficio de esta práctica en mi vida ha sido innumerable. En el plano emocional, el Reiki ha sido un bálsamo que ha equilibrado mis energías, sanando viejas heridas y liberándome de cargas emocionales que ya no me servían, rompiendo patrones y derrumbando tabúes que estaban en mi ser desde antes de mi concepción. En momentos de estrés, la calma que he logrado mantener ha sido un testimonio del poder de estas técnicas. Mi conexión espiritual se ha profundizado, dándome una sensación de propósito y dirección que antes solo podía soñar con tener.

Con el tiempo, esta práctica no solo me ha sanado a mí, sino que también me ha preparado para cumplir con mi misión de vida: ser un faro luminoso en la tormenta de aquellos que necesitan guía. Como *coach* holística certificada, siento que mi llamado es servir, ser esa luz que otros buscan en la oscuridad. Cada persona que ayuda a sanar, cada alma que toca mi energía es una confirmación de que estoy en el camino correcto.

Es un privilegio indescriptible ver cómo, a través de mi trabajo, otros encuentran la paz y la claridad que yo misma he encontrado. Este proceso no solo ilumina sus vidas, sino que también ilumina el mío, recordándome constantemente que estamos todos conectados en esta red de energía, amor y sanación.

La angelología: es el estudio de los ángeles y otros seres espirituales, y su papel en la cosmología y la vida humana según diversas tradiciones espirituales y religiosas. Los ángeles son considerados como seres de luz, mensajeros divinos y guardianes que intervienen en la vida humana para brindar protección, guía y asistencia espiritual.

Descubrir la angelología fue como abrir una ventana hacia un mundo espiritual que siempre había estado ahí, esperando pacientemente a que lo descubriera. Desde el primer momento, sentí que los ángeles no eran solo figuras etéreas que existen en los cuentos o en las religiones, sino presencias vivas, llenas de amor y sabiduría, dispuestas a guiarme en mi camino. Por otro lado, me abrió a una conexión espiritual que nunca había imaginado. Sentir la presencia de los ángeles, recibir su guía y apoyo, me ha dado una sensación de protección y dirección en mi vida diaria.

Este conocimiento me ha permitido enfrentar los desafíos con una confianza renovada, sabiendo que no estoy sola, que siempre hay una luz guiándome en mi camino. Ha sido mi puerta de entrada al mundo espiritual de los ángeles y seres de luz. A través del estudio y la meditación, he aprendido sobre la presencia amorosa de los ángeles en nuestras vidas, cómo invocar su ayuda y guía, y cómo interpretar sus mensajes en momentos de necesidad.

Cada encuentro con los ángeles me ha llenado de una profunda paz y serenidad, como si su presencia disolviera cualquier inquietud o temor que pudiera estar albergando en mi corazón. La sensación de que los ángeles están siempre cerca, listos para ofrecer su apoyo y guía, ha sido un bálsamo en los momentos de duda o desesperanza. Con ellos, nunca me siento sola; sé que están ahí, envolviéndome con sus alas, protegiéndome de todo mal.

A través de la angelología, he aprendido a comunicarme con estos seres de luz de manera consciente y abierta. En las meditaciones, en las oraciones, en los momentos de silencio, he sentido su respuesta. A veces, es una suave intuición, una idea que aparece de la nada pero que trae consigo una solución o una dirección clara. Otras veces, es una sensación de calor o una brisa suave, señales sutiles que me confirman su presencia.

Uno de los aspectos más poderosos de la angelología es la capacidad de pedir su intervención y guía en situaciones difíciles. Aprender a invocar a los ángeles y trabajar con ellos ha transformado mi manera de enfrentar los desafíos. Saber que puedo pedir su ayuda en cualquier momento y que ellos responderán con amor y sabiduría me ha dado una confianza renovada para seguir adelante, incluso en los momentos más oscuros.

Además de guiarme a nivel personal, los ángeles me han ayudado a comprender mi misión de vida con mayor claridad. A través de ellos, he entendido que mi propósito no es solo sanar mis propias heridas, sino también ser un canal de sanación para los demás. Los ángeles me han mostrado que todos podemos ser luz en la vida de otros, que todos tenemos el potencial de ser guías, de ser faros en la tormenta.

La conexión con los ángeles también me ha enseñado la importancia de la humildad y la gratitud. Cada vez que siento su presencia, me recuerdo que no estoy aquí solo para recibir, sino también para dar. Dar amor, dar apoyo, dar esperanza a quienes lo necesitan. Y, al hacerlo, no solo cumplo con mi misión, sino que también me acerco más a la esencia de quien soy y de lo que estoy destinada a ser.

La angelología, entonces, no es solo una práctica o un conocimiento, sino una forma de vida. Es vivir con la conciencia de que no estamos solos, de que siempre hay seres de luz dispuestos a ayudarnos en nuestro camino. Es abrirse a la guía divina y permitir que los ángeles nos acompañen en cada paso que damos. Y, sobre todo, es recordar que, al conectarnos con ellos, también nos conectamos con la parte más pura y luminosa de nosotros mismos.

Aunque he alcanzado ciertos niveles de competencia, reconozco la importancia de seguir capacitándome y profundizando en estos campos.

Integración en mi vida y servicio a los demás: la integración de Reiki y la angelología en mi vida diaria ha fortalecido mi bienestar emocional y espiritual, proporcionándome herramientas prácticas para gestionar el estrés, cultivar la paz interior y mantener una conexión espiritual profunda.

Mi viaje con Reiki y angelología ha sido, y sigue siendo, una fuente de gratitud inmensa. Me siento humilde al ser un canal de esta energía sanadora, y llena de propósito al saber que mi trabajo puede ser una chispa de esperanza para quienes se sienten perdidos. Estoy aquí para servir, para guiar, y para recordar a otros que, incluso en la tormenta más oscura, siempre hay un faro que nos puede llevar a casa.

Reflexión del capítulo

Descubrir la terapia de Reiki ha sido una experiencia transformadora y maravillosa en mi camino de sanación. Me ha permitido conectar con una energía curativa profunda, promoviendo un equilibrio y una paz interior que nunca había sentido antes. A través del Reiki, he aprendido a sanar no solo mi cuerpo, sino también mi mente y mi espíritu, abriendo puertas a una vida más armoniosa y llena de luz. Este viaje me ha enseñado que la verdadera sanación proviene de dentro, y estoy profundamente agradecida por haber encontrado este valioso recurso en mi búsqueda de bienestar.

Descubrir la angelología ha sido una experiencia maravillosa y enriquecedora. Esta práctica me ha permitido conectar con seres de luz y recibir su guía y protección en mi vida diaria. A través de la angelología, he aprendido a interpretar los mensajes divinos y a sentirme acompañada por una energía amorosa y protectora. Esta conexión ha traído paz, esperanza y una profunda sensación de propósito a mi vida. Estoy inmensamente agradecida por haber encontrado este camino espiritual que ha iluminado mi proceso de sanación y crecimiento personal.

Descubrí que, al ayudar a otros, también estaba sanando partes de mí misma.

El Reiki y la angeología no solo me ayudaron a sanar mis heridas, sino que también me mostraron el camino hacia mi verdadera vocación. A través de estas prácticas, encontré una nueva razón de ser y un propósito que me llena de alegría y gratitud.

En este capítulo de mi vida, aprendí que, a veces, el dolor más profundo puede ser el catalizador para el cambio más significativo. Darle lugar a mi hijo no nacido y descubrir mi misión de vida a través del Reiki y la angeología me permitió transformar mi sufrimiento en una fuente de luz y amor, tanto para mí como para los demás.

Aquí comparto mi carta de agradecimiento al finalizar mi proceso de terapia.

Carta final de mi proceso de Sanación.

Querida, hoy me tomo un momento para dirigirme a ti con el más profundo
amor y gratitud. Quiero agradecerte sinceramente por ser tan valiente, por haber
enfrentado cada desafío con coraje y determinación. Has recorrido un camino
lleno de altibajos y has llegado hasta aquí con una fortaleza y una
resilencia que merecen ser celebradas.

Agradezco cada paso que has dado en este proceso de sanación. Has
enfrentado tus miedos de frente a tus heridas y has trabajado incansable-
mente para sanar y crecer. Has mostrado una capacidad increíble para amar
y cuidar de ti misma, incluso en los momentos más difíciles. Por todo esto,
te doy las gracias desde el fondo de mi corazón.

Reconozco el esfuerzo que has puesto en vivir este proceso. No ha sido
fácil, pero cada desafío ha sido una oportunidad para aprender, para liberarte
de viejas cargas y descubrir tu verdadero yo. Te has mantenido firme, has
seguido adelante con esperanza y has permitido que la luz entre
en tu vida. Este viaje de sanación es testimonio de tu compromiso contigo
misma y con tu bienestar

Hoy quiero que sepas que mereces todo lo bueno que la vida tiene para
ofrecerte. Te invito a abrazar tu merecimiento con un corazón abierto, a vivir
con plenitud y a permitirte disfrutar de las alegrías que la vida trae. No hay
límites para lo que puedes alcanzar y experimentar, y te mereces cada momento
de felicidad y realización.

Permítete amar profundamente, sin reservas, tanto a ti misma como a los
demás. Deja que el amor fluya libremente en tu vida, sin miedo y sin
dudas. Eres digna de amor y de todas las maravillas que el universo tiene
preparadas para ti.

También te invito a soñar sin límites. Permítete imaginar un futuro
lleno de posibilidades, un futuro donde tus sueños se hagan realidad y donde
vivas la vida que has deseado. No te pongas barreras, porque tienes dentro
de ti todo lo que necesitas para lograr tus sueños.

Gracias por todo lo vivido, por cada lección aprendida, por cada
momento de valentía y por cada paso hacia adelante. Estoy orgullosa de ti
y de la persona en la que te has convertido. Sigue adelante con
confianza y con el corazón lleno de esperanza.

Gracias por permitirte sanar.
Eres Única

Gracias por siempre.
Te Amo

Hilcarmen G

Reflexión final del libro

Mi mundo maravilloso,

Una vez que logré sanar parte de mi vida, comencé a vivir y disfrutar de la vida de una manera que nunca había experimentado. Me permití aceptar esos viajes que siempre soñé, explorar lugares desconocidos, asistir a conciertos llenos de energía y vivir cada momento a todo pulmón, sin restricciones, pero con el corazón lleno de amor. Abrí las puertas al amor, permitiendo que entrara en mi vida y me transformara, haciendo que mi conciencia se volviera cada vez más consciente de lo que significa vivir en plenitud.

Aunque todavía tengo mucho por recorrer y aún hay días grises, sé que el sol siempre sale y el arcoíris aparece para mostrarme sus colores vibrantes. Estos días oscuros ya no me afectan de la misma manera, porque he aprendido a encontrar la belleza en ellos y a apreciar los momentos de claridad que inevitablemente siguen. He descubierto que incluso en los momentos más difíciles, hay lecciones valiosas y oportunidades para crecer.

He dejado de preocuparme por lo que la gente piensa de mí. Ahora, me centro en vivir mi vida plenamente, siguiendo mi propio camino y honrando mis propios deseos y necesidades. Ha sido un sueño hecho realidad poder escribir este libro, compartir mi historia y mis mensajes diarios con tantas personas. Saber que mi experiencia y mi vivir pueden resonar con otros y quizás inspirarles en su propio viaje es un regalo inmenso.

Amo mi misión de vida. Cada día me levanto con la certeza de que estoy exactamente donde debo estar, haciendo lo que vine a hacer. Mi corazón está lleno de gratitud por cada paso que ha dado en este camino, y espero que mis palabras puedan iluminar el camino de otros, mostrando que la sanación y la plenitud son posibles para todos.

Al llegar al final de este viaje que hemos compartido, deseo que mis palabras hayan resonado en lo profundo de tu ser. *Mi camino a la sanación* no es solo mi historia; es un testimonio de que todos llevamos dentro la capacidad de sanar, de reinventarnos y de perseguir nuestros sueños con valentía y determinación.

A lo largo de estas páginas, hemos explorado juntos las sombras y las luces de mi alma, enfrentando miedos, soltando amores, sanando heridas y reconectando con nuestra esencia más pura. Cada capítulo ha sido una invitación a mirar hacia adentro, a reconciliarnos con nuestro pasado y a abrazar el futuro con esperanza y confianza.

Quiero que sepas que, sin importar cuán oscuro pueda parecer el camino, siempre hay una oportunidad para reiniciar. La vida nos ofrece infinitas posibilidades de ser nuestra mejor versión, de superar los obstáculos y de construir una realidad que refleje nuestras aspiraciones y sueños más profundos. Cada día es una nueva oportunidad para comenzar de nuevo, aprender de nuestros errores y seguir adelante con renovada esperanza y determinación.

Es posible, siempre es posible. Reiniciar no significa olvidar quiénes fuimos, sino reconocer que cada experiencia, cada caída y cada triunfo nos han moldeado. Es posible ser nuestra mejor versión, aquella que se levanta con más fuerza después de cada caída, que aprende de cada error y que se compromete a seguir creciendo.

Apostar por nuestros sueños no es un acto de locura, es un acto de fe en nosotros mismos. Es creer que merecemos todo lo bueno que la vida tiene para ofrecer y que somos capaces de lograrlo. Es tener la valentía de seguir adelante, incluso cuando el camino se pone difícil, porque sabemos que al final, valdrá la pena. Cada desafío superado, cada obstáculo vencido, nos acerca un paso más a la realización de nuestros sueños.

La vida es un viaje lleno de aprendizajes, y cada esfuerzo que hacemos para alcanzar nuestros objetivos es una inversión en nuestro propio crecimiento y felicidad. No permitas que el miedo o la duda te detengan. Cree en tu capacidad para crear la vida que deseas y recuerda siempre que eres capaz de grandes cosas.

Porque cada paso que das, por pequeño que parezca, te lleva más cerca de tus sueños y te fortalece en el proceso.

Recuerda siempre que eres capaz de grandes cosas. Confía en tu intuición, sigue tu corazón y nunca dejes de soñar. Porque cuando apuestas por ti mismo, cuando te permites soñar en grande y persigues esos sueños con determinación, descubres que el verdadero poder reside en creer en ti mismo y en tu capacidad para transformar tu vida. Confía en tu proceso, honra tu camino y celebra cada pequeño paso que te acerca a tu mejor versión.

Gracias por acompañarme en este viaje. Que este libro sea una guía y una inspiración para tu propio camino a la sanación. Recuerda, siempre hay luz en la tormenta, y el sol siempre vuelve a brillar.

Que esta reflexión final te inspire a seguir adelante, a nunca rendirte y a continuar persiguiendo la mejor versión de ti.

Con amor y gratitud,

Quiero regalarte mi lista de canciones, esas que en su momento sentía me derrotaban y al mismo tiempo me levantaban.

Carlos Rivera	*Te esperaba*
	Si te vas
	La luna del cielo
	Sería más fácil
	Otras vidas
	Cómo pagarte
	Para ti
	Sincerándome
Paula Arenas y Carlos Rivera	*Lo que mis ojos ven*
Luciano Pereira	*Juntos en la vida*

Carla Morrison	*Te regalo*
	Déjame llorar
Karol G	*Mañana será bonito*
Natalia Jiménez	*Creo en mí*
Antonio José	*Por mil razones*
	Cuando te enamores
	Tal vez
Laura Pausini	*Escucha tu corazón*
Fonseca	*Gratitud*
Luis Fonsi y Luciano Pereira	*Llegaste tú*
Sia	*Unstoppable*
Natalie Taylor	*Surrender*
Lana del Rey	*Cinnamon Girl*
Christina Perri	*A thousand years*
Alicia Keys	*Girl on Fire*
Ed Sheeran	*Perfect*
	Photograph
John Legend	*All of Me*
Marcos Witt	*Enciende una luz*
Elena Rose	*Me lo merezco*
OV7	*Confieso*
Luciano Pereira	*Eres perfecta*
Jorge Luis Chacín	*Estoy contento*
Rojo	*Abres camino*
Majo y Dan	*Tu proveerás*

Se les quiere, mi mundo maravilloso.

Lecturas recomendadas

Redimensiónate y exprésalo en salud (Ilgora Pizzolante)

Orar para el alma (Pía Baltra)

Portal interior. Meditación autónoma (L. Vanessa Everardo)

Un dios romántico. ¡Más que una novela de amor! (Helen Intriago)

EDIQUID

www.ingramcontent.com/pod-product-compliance
Lightning Source LLC
LaVergne TN
LVHW091112150826
845673LV00002B/799

* 9 7 8 6 1 2 5 1 8 4 2 7 6 *